台灣大運命

金瓜石
基隆
北投
淡水
臺北
桃園
中壢
新店
四結
宜蘭
羅東
蘇澳
大溪
新竹
竹東
竹南
苗栗
新竹州
臺北州
月眉
豐原
臺中
彰化
員林
南投
臺中州
日月潭
澎湖群島
馬公
花蓮港
花蓮港廳
大和
臺東
臺東廳
旗山
屏東
潮州
高雄
東港
恒春

台灣大運命　目錄

自序

跨越宇宙時空遇合
打開台灣生命密碼

二〇一〇年一月十五日午后接近黃昏時，天色突然暗下來。之前電視新聞報導，今天有日環食天文奇景，將會在日落前準時發生。登上鄰近大樓天台，眺望台中市遠方天空，從北屯、西屯、南屯、烏日到彰化，空氣中有奇妙氣息，雲層稀少視野遼闊。此刻太陽已被月亮覆蓋，在天空中溫和交纏，雙影斜照著大地萬物，生息吸吮住千古約定。這次日落帶食很特別，感覺紅色月亮出現了，太陽月亮相擁而眠，雖是數千年不變的規律，卻仍有絢麗淒美的浪漫感。原本農曆臘月初一夜，月亮總是不會來現身，眼前透過冬日溫煦陽光，才能在蒼穹大地留倩影。記得唐詩有言：『朔月掩日日光缺，望日蝕月月光滅。』忽隱忽現的月影光芒，固定周期恩愛來相會，日落帶食奇景難得遇合，日食本影也將隨日落而去。月亮的影子，以時速三千公里，由西向東移動，穿過太陽和地球。這次日環食開始時，本影路徑先跨過非洲，然後穿越印度洋，其後再到達亞洲東部，日落時太陽還在被食去，所以稱為日落帶食，而下次相同的時空運轉，要等待52年才會再出現！

先說這太陽與月亮纏綿的小故事，是想在打開日月運轉話題後，才開始來講一個跨越時空五個世紀，在不同時代台灣走向全球之路的故事。

前幾年，美國知名歷史學教授威廉．麥克尼爾（William H. McNeill）與其子J. R.麥克尼爾（J. R McNeill）合寫的一本文明進化史暢銷書——文明之網：無國界的人類進化史（The Human Web: A Bird's-Eye View of World History）指出，十六、十七世紀時第一波全球化是透過海運，將全世界的海岸與河川連結起來。第二波帝國主義時期的全球化，發生在十九世紀後期，規模更大更深入內陸，而經濟是第二波全球化的最重要層面：人口、商品、資金更加快速地流動，中國人大規模移民也在此時期展開。二十世紀在冷戰結束的一九八九年之後，科技創新讓全球化進展更快速，在電子化的統合世界中，隱藏著無限危機與轉機，生命連結即將會產生新的力量。

在全球化的每一波關鍵時刻，台灣位居亞洲海上貿易中心，從十六世紀中葉起至今四百多年，不同世代的人都能展現活力，儘管歷經不同政權統治，都能展現朝氣面對挑戰，在神秘時刻啟動生命能量，讓許多好事不可思議的遇合。從開台第一人顏思齊，啟動台灣的海洋動力，到鄭成功打敗荷蘭經營台灣，參謀軍師陳永華（一六三四—一六八〇）有系統地規劃建設藍圖，傳到出生於白河的王得祿（一七七〇—一八四一），功成名就後回饋鄉里，創造文化薪火相傳的台灣精神。我的開台祖先蔡世璉與妻子兩人，在乾隆年間離鄉渡海來台，落腳於牛罵頭務農生活，後來創設蔡源益家號，做起南北雜貨小生意。蔡世璉次子蔡八來（一八〇八—一八五六），繼承父親經商事業，他看準十九世紀台灣中部發展契機，搭著梧棲開港的新格局，大膽創立蔡源順商號，改經營海上貿易為主，奠定日後蔡家事業版圖。蔡家成為中部望族後，開始投入地方文化活動，舉凡文教興學、北管子弟、修繕水利、寺廟興建等，都由蔡家帶頭發展公益善事。

日本殖民統治台灣初期，蔡家事業傳給蔡蓮舫（一八七五－一九三六）與蔡惠如（一八八一－一九二九）經營，二人將蔡家聲望推展到最高峰。蔡蓮舫曾任大肚上堡長、台中區區長、牛罵頭信

第二波帝國主義的全球化，發生在十九世紀後期，後來孫文領導國人起來革命推翻滿清政府，並於1912年創造了中華民國。

少年蔡惠如繼承蔡家事業，將蔡家聲望推展到最高峰。

用合作組合長、同樂軒北管子弟戲團總理，參與創辦台中中學校、彰化銀行。蔡惠如被譽為台灣民族運動鋪路人，和同年出生的林獻堂（一八八一－一九五六）並列為日治中期台灣新文化運動最重要的領導人。他曾經營米穀、製糖、輕鐵會社等實業，日本當局見他實力雄厚，委任他為台中區區長。但他因不滿日本警察之蠻橫，於一九一四年「同化會」失敗後，結束台灣事業，轉往中國發展。一九一七年他在山東創立高密製糖會社，一九一九年在北京成立五國合辦股份有限公司，隨後又在福州從事開墾與漁獲事業，足跡遍佈整個東亞地區，傳奇的生命能量持續啟動。

叱吒一九二〇年代台灣風雲的蔡惠如，對年輕人始終都是援助到底的，令跟隨其後的蔡培火、蔣渭水、楊逵、吳濁流等人一生都激動感佩。他最為人津津樂道的事例，是以一千五百圓提供給林呈祿等人，作為《台灣青年》雜誌的創辦經費。一九二〇年七月十五日《台灣青年》雜誌第一號刊行，因此才有《台灣》雜誌、《台灣民報》、《台灣新民報》的一脈相承，在台灣新文化運動過程中，發揮鉅大的鼓舞社會作用。

一九二五年，台灣民報發行創業五週年記念號，蔡培火為文感想說：「諸君，那本台灣青年，正是從彼時住在東京，台灣青年人的，熱烘烘、活潑潑的不死心裡，跑出來的正義鼓、自由鐘啦。噯呵，那本小小通氣窗似的台灣青年，一變為台灣雜誌，再變為台灣民報，而今竟成狂風吹也吹不動，洪水流也流不去的，台灣言論的大砥柱，想來是感與無限的！」

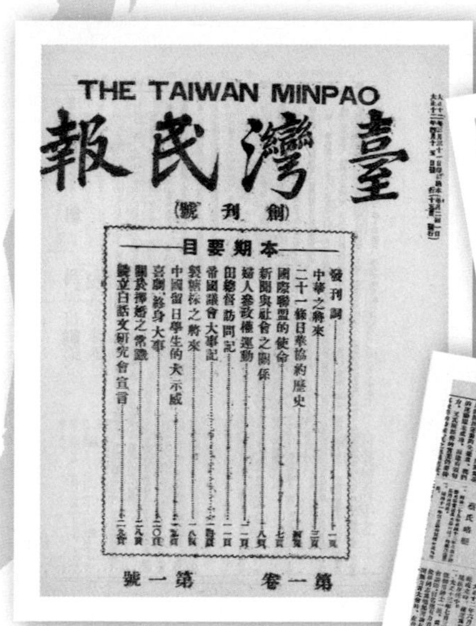
THE TAIWAN MINPAO
臺灣民報
（創刊號）
本期要目
發刊詞
中華之將來
二十一條日華協約歷史
國際聯盟的使命
新聞與社會之關係
婦人參政權運動
印總督訪問記
帝國議會大事記
中國留日學生的大示威
喜劇「終身大事」
關於擇婚之常識
第一卷　第一號

臺灣新民報
謹賀新年
新年号
大東信託株式會社

本社取締役 新民會顧問
蔡惠如氏逝世

有關蔡惠如的故事，在我小時候就常聽家人傳述，越聽越覺得他是個了不起的人。而且巧合的是蔡惠如在「治警事件」中，由於居運動領導地位，最後也被判刑三個月，在一九二五年二月二十一日至五月十日入獄期間，孫中山先生不幸在北京去逝，暫殯於北京郊外西山的碧雲寺，後來國民黨人即組織葬事籌備會，遵孫先生遺願，擬改葬奉安於南京紫金山。一九二九年五月二十日蔡惠如不幸病逝，清水家人定六月一日辦告別式。這時南京中山陵工事告竣後，也定在六月一日為奉安大祭典，在新與國都南京市舉行。當時《台灣民報》

各以全版回顧蔡惠如與孫中山，台灣各地都有人遙祭孫中山，清水蔡家也收到二百餘通來自上海、福州、東京、神戶等地來的吊電。五月二十六日的台灣民報上，斗大的字寫著：「本社取締役，新民會顧問，蔡惠如氏逝世，對解放運動的貢獻，值得我們永久懷念。」

八十多年後，做為蔡家後代的我，長大後逐漸更能體會，蔡惠如的精神沒有離開。蔡惠如創造的格局，來自於蔡八來的適時搭上，梧棲港在十九世紀興起的台灣、中國貿易熱潮，蔡家因此成為巨富。他把這筆財富回饋給台灣、中國，從根本的社會改造、文化啟蒙做起，終其一生都堅信可以實現夢想，雖然最後未能完全成功，但因為他的化命運為運命的理想，把蔡家、台灣以及同時代的台灣人，再到我的生命連結在一起。因此到了我出生時，蔡源順商號的亮麗招牌，雖然早已褪色，淡出歷史舞台，但以清水蔡家為榮的想法，自小便烙印在我心裡，就像我未曾看過伯公蔡惠如身影，可是他一直伴隨在我身邊，這個無形的資產，比有形的財富更珍貴。

十七世紀鄭成功經營台灣為東亞的中心，後來日本人殖民台灣成大東亞的中心，到了一九九二年兩岸與全球統合開始，台灣進一步提升到新世紀華人的中心。台灣人匯聚祖先靈光，從前人的智慧尋找新的未來，兩岸華人放在亞洲、太平洋、全球的高度，創造新生命、新世界、新宇宙的大運命，台灣將會形成世界華人的新中心，並且對人類文明持續產生影響。

我在一九九二年人生起了一場意外的變化，從此造成個人命運的大變動。那一年，我在關仔嶺

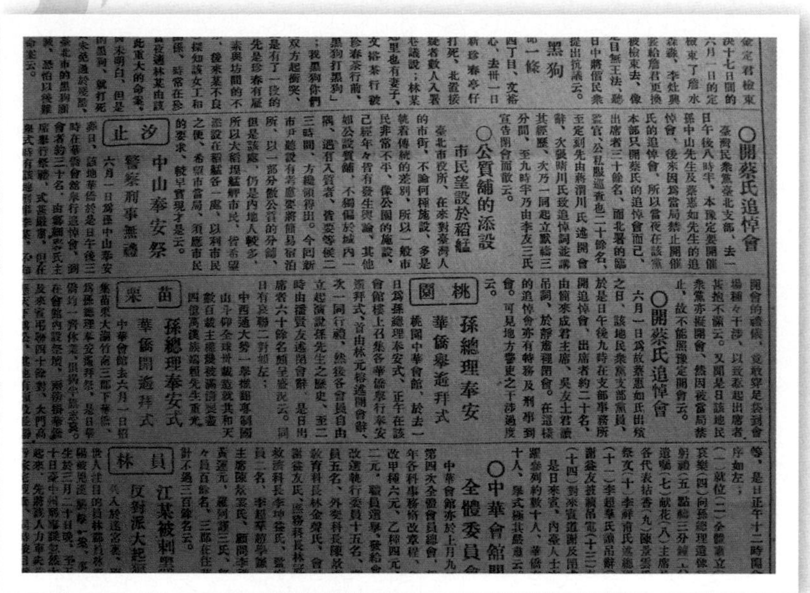

○開蔡氏追悼會

○公賓舖的添設於稻艋

○開蔡氏追悼會

孫總理奉安

孫總理奉安式

○中華會館開全體委員會

黑狗

汐止 中山奉安祭

桃園 華僑奉遙拜式

苗栗 華僑開遙拜式

員林 反對派大 江某被刺

《台灣民報》在1929年報導蔡惠如出殯之日，巧合也是孫中山奉安祭日，當時台灣各地都有民眾為二位先烈開追悼會。

1935年與1992年二次中部大地震，相隔57 年都發生在同一天4月21日，而農曆也都是3月19日。左圖有1992年4月22日中國時報第五版的報導。

思考「永續經營」是什麼？答案卻遲遲懸盪著。有一天早上起床後，我的身體起了反應，一個金色光柱從我頭頂貫入，我看見自己內部胸腔都是空的，內在或更內在的感知啟動了，我說話時開始有回音響起來，開會時公司員工全都被驚嚇到。

那一天中午，正巧爸媽從清水來台南與我一起聚餐，我告訴父親我身體的靈動感應異象，父親才對我提起家族的一段故事。一九三〇年祖父蔡江松在台中市成功路經營南北貨生意，不幸祖母生病經血不止三個月，祖父回清水老家拜求觀世音菩薩，經由觀世音菩薩指引至台北求醫，就醫時台北醫生說沒病，很神奇的祖母身體就好了。三天後祖父用餐時被魚刺哽到，才想起沒有跟觀世音菩薩還願，祖父趕緊向觀世音菩薩發願，約定五年後出家拜佛普渡眾生，後來祖父因忙於工作而忘記還願。

一九三五年四月二十一日(農曆三月十九日)台灣中部發生大地震，清水蔡家的伯仲樓倒塌，祖母與一些蔡家人都罹難身亡，輕傷存活的祖父蔡江松、父親蔡正文與叔叔蔡仲諒，事後因感傷而轉往對岸廈門發展，那一年祖父三十九歲是約定要出家還願的歲數。祖父六十九歲去世前，還一直惦記著還願這件事，因為父親是基督信徒而遲遲未能代父回報。

父親說完祖父的故事後，我開始眼淚流個不停。這一年我也是三十九歲，是不是要代替祖父還願呢？說完後我身體有靈動和感知反應，感通內在的狀況是開始預言講歷史，講過去一萬年，講未

來二百年，預言從我口中不經意說出來，而在腦中我很清楚這不是能控制的，這真是奇妙的事。當時我又預言說一個月後會發生地震，並開始用報紙、用廣告，花掉三百多萬元來祈福消災。一個月後國、農曆和五十七年前同一天，「農曆三月十九日」台灣中部發生大地震，這次震度較輕微沒有造成嚴重傷亡，巧的是我與祖父相隔五十七歲，而二次地震也相隔五十七年。

我感知到故事又要重新開始，台灣將得重新面對新時代的開始。

本書敘述從一九九二年到二〇一九年，我所預見的台灣未來之路，從關仔嶺不可思議的靈知感應開始，以及兩次大地震的預言（第一次一九九二年四月二十一日農曆三月十九日，第二次一九九九年九月二十一日農曆八月十二日。）和跨越五世紀四次的三一九台灣生命密碼，日月潭新故鄉的統合形成，新的能量都在日漸發芽茁壯。交織著過去與當今的全球化歷史，每一波台灣都是全球貿易的中心，也都是世界經濟的樞紐，交易方式雖有古今之別，生活文化雖有東西差異，不變的是台灣一直扮演中國、日本、全世界貿易的好舵手，源源不絕的生機乃是祖先傳下的，山水地理、海上絲路、空中網路連結著無限能量，展現生命奧秘從福爾摩沙到新中國。

這是一本探索台灣大運命的書，也是一本探索「宇宙、地球、人類、我」生命奧秘的書。我在極端困難的領悟中，全神貫注體驗著生命能量，穿越時空與前人對話，如雲雀一般輕盈遨遊，沿著山經水文線貼近天地，從歷史發展經驗中探索，從地理能量來聚集感動，將視野拉到人類文明的高度，在不同的時間、不同的環境裡，思考自己可以扮演的角色，讓自己找到生命能量的密碼，期待讀者也能從這些故事中獲得啟發，化成自信與力量的來源。

緒言

共同書寫台灣

亞瑟潘（Arthur Penn）執導、達斯汀霍夫曼（Dustin Hoffman）主演的小巨人（Little Big Man）是我很喜歡的電影之一。電影中藉由達斯汀霍夫曼主演的傑克，這位年齡已逾百歲老人經由回憶自己的一生找到自我，也重新詮釋美國西部開拓史。

傑克小時候隨家人至西部拓荒，遭印地安人攻擊，意外倖存，被夏安族收養長大，而逐漸認同為印地安人。其後，夏安族被白人襲擊，傑克因為白皮膚的關係逃過一劫，又回到白人社會。重做白人的傑克，為了混口飯吃，四處流浪打工，最後做了卡斯特將軍（George Armstrong Custer）的斥侯。從白人角度來看，卡斯特將軍是西部開拓史的傳奇英雄，但在傑克眼中，卡斯特將軍剛愎殘暴又好大喜功，導致一八七六年他率領的第七騎兵團遭蘇族全數殲滅，只有傑克一人存活。

十九世紀中美國西部開拓史中，有許多像傑克一樣的名不見經傳平凡人物，參與並見證歷史形成，時代脈動牽引著他們的人生際遇，並因而改變了命運。這些人的人生際運大都出於被動，他們一生也出現過像傑克般無數次的巧遇，但不管是際遇與巧遇都是歷史形成的一環，背後都隱含著特定的生命訊息。亞瑟潘透過傑克的回憶，讓我們能全方位看待美國西部開拓史，而不會陷入白人的盲點。傑克的人生際遇與巧遇，就不再只是單純的際遇與巧遇，而是變成有意義的機遇之合。同樣的，當傑克敘述自己一生，也不知不覺是在整理自己一生大大小小際遇與巧遇，成為有意義的人生過程，雖然他只是眾多平凡人物之一，經由他的回憶，等於是變成用平凡的角度瀏覽不平凡的生命歷史。

改變命運為運命　創造新價值

「小巨人」是傑克的夏安族名字，當初酋長看他舉止談吐都像印地安人，但畢竟與生俱來的白人膚色，終究還是與印地安人不同，因而用傳說中夏安族英雄的封號「小巨人」來稱呼傑克。亞瑟潘用「小巨人」做為片名，其實是一語雙關，既切合電影主題與內容，也寓含平凡人生中的不平凡歷程與意義。

我們每一個人都在書寫歷史，尋找自己的人生機遇之合，化命運為運命的過程，就像傑克一樣，雖然他未必意識到，但他終其一生的徬徨、納悶與追尋，本質就是在探索自己生命的過程，一直到晚年才領悟到人生走過的每一步路，其實都具有意義，每一次的生命轉折，都隱含著機遇之合的機會，可能當時未必察覺，或是擦身而過，錯失了改變命運為運命的機會。因此，問題不在於有沒有機遇之合，而是如何了解機遇之合的形成道理，把際遇、巧遇變成有意義的遇合，創造新的價值。

傑克的一生徘徊於印地安人與白人認同的困境，最後選擇自我流放，還好到了白髮蒼蒼，行將就木之際，有人把他的生平寫成小說，導演亞瑟潘請他在電影中自述，填補了生命裡的遇合空白。然而芸芸眾生中有像傑克這樣幸運機會的人，其實並不多。多數的人到了臨終之際，猶是渾渾噩噩，想不出值得回味的生命經驗，遑論奢談創造個人生命價值，以及對家庭、社會、國家的貢獻。

我也是芸芸眾生中的一位，幸運的是一方面一九八七年我到關仔嶺從事房地產開發，早一步體會到關仔嶺是我的人生遇合之地，讓我重新思索自己與台灣的關聯，也觸發我進一步探尋台灣生命的遇合本質。另一方面一九八八年剛好是台灣展開深化民主、建構新世界認同工程的起點。這一年李登輝繼任總統，標誌著台灣告別舊時代，迎向新世紀，也象徵著台灣啟動生命之輪，化命運為運命。台灣從此逐漸告別威權體制時代，迎向世界潮流。

這兩個重大變化，一個是我個人的遇合；一個是台灣的遇合，時間上的巧合，促成我比別人有更多的機會摸索與思考，終而了解到，其實我和其他每一位住在這塊土地上的平凡人物一樣，窮其一生，不管是有意識，還是無意識，我們都在追尋屬於自己最適合的角色，最終目標也都是共同將台灣推向新的歷史高度，造就一個偉大新世界。

化巧遇、際遇　成有意義的機遇

在這段台灣人共同投入追求新世界遇合之機的歷程裡，國際形勢也產生巨變。一九八九年十一月九日柏林圍牆倒塌象徵著世界邁進另一個新紀元。冷戰的結束、鐵幕的打破，世人開始思考新秩序的建立。其次，二十多年來，科技與資訊網路的迅速發展，人們有了更密切與直接的溝通，可以在第一時間化解誤會，增進彼此的了解。而區域與世界貿易體系的整合，大大改變了傳統的世界認知，能源與環境生態的衝擊，加深了人們共同保護環境的必要性。

到了二十世紀末，地球村時代已經成形。人們可以自由往來，貨物也能自由交易，傳統的國土疆界變得模糊；電腦網路與資訊科技的快速，拉進了人們距離，推翻了傳統語言與種族、膚色的障礙。地球村的來臨，除了極少數偏遠地區的原始部落外，遠到北極的愛斯基摩人、非洲沙漠的游牧民族、大洋裡的漁夫，到都市上班族、鄉下農夫，都能相互溝通、交流，無時差、無距離、無國界，世界逐漸緊密融合為一體，幾乎沒有人能孤立於外，這是人類在地球生存以來，從未有過的景象。相對的，也因為無時差、無距離、無國界，每個角落裡的變故都會影響到全球其他角落，也沒人可以倖免於外，這也是過去人類文明發展從未曾出現的變化。

二十多年來，當世界與人類文明進入新的遇合之機，台灣也在其中。她的遇合過程變化更大，可是遇合的最終目標卻還在摸索之中。一九八七年至二○○八年，台灣繼之前創造了舉世傲人的經濟經驗後，再度寫下令人驚嘆的兩度政黨輪替的政治經驗，放眼全球，雖然足以自豪，但有關台灣的出路，迄今仍未整合出共識來。

二十年的時間，對一個人、一個國家都是重要轉折。在這二十年間，平凡的我參與並見證台灣不平凡的轉變過程，當我逐漸找出並開展新的人生遇合之路時，看到台灣離邁進新的生命遇合之路，還有一步之距，不免感到心急，也認為責無旁貸，覺得應盡小我之力投入於台灣大我的遇合之機，彼此共同書寫台灣的新史頁，台灣才能在新一波地球文明中扮演更積極角色。

如何把巧遇、際遇化成有意義的機遇，最後完成為遇合。套用佛家觀點是需要因緣俱足。因緣俱足才能轉動生命法輪，從而化命運為運命，創造新的價值。因與緣，相生相隨，每一件事情發生背後都有它的原因，也同時埋下日後機緣的伏筆。

因此，台灣要抓住屬於自己的遇合，他國家的經驗，固然值得借鏡，但關鍵還是在於對自己的了解。只有探索過去才能知道未來的方向，同樣的，了解現在則提供了串連過去與未來的線索，而所有這一切都埋藏台灣山川大地之中，以及曾在這塊土地上奮鬥者的故事裡，等待我們發掘其中的關連，並找出其中的意義，遇合之機就會像霧散雲開，露出燦爛的陽光，清晰指引出前方大路。

夾縫中抓住機會　譜出新史頁

從歷史宏觀角度來看，崇禎十七年三月十九日（一六四四年四月二十五日）明思宗朱由檢自縊於煤山，結束明朝二百七十六年國祚的那一刻起，便帶動了台灣命運轉變，也從那一刻起，台灣就在尋找自己的機遇。在這之前，台灣與中國並無甚關聯，自成一格，甚至在時間上，台灣與新興西方國家比與中國還早一點產生關聯，然而從一六二四年荷蘭人在台南建立第一個殖民政權，緊接著鄭成功於一六六二年趕走荷蘭人，建立第一個漢人政權後，台灣、中國與西方關係進入新局面。

這個新局面歷經荷蘭人、鄭氏家族、清朝、大和民族再到從中國撤退來台灣的國民黨，以及公元兩千年本土政黨執政等不同時代的政權，都圍繞在一個主軸上：台灣是什麼？台灣要做什

麼？這個主軸化成一個簡單又很複雜的問題：台灣是要做世界的台灣、中國的台灣、還是台灣的台灣。

三百多年來，台灣歷經不同政權統治，世界的台灣與中國的台灣兩股力量相互拉扯，有時候世界的台灣佔了上風，有時是中國的台灣取得優勢，但不管世界的台灣和中國的台灣如何拉扯，台灣的生命力並不受影響，在不同時代、不同政權裡，她總是在等待機會的來臨，綻放出令人驚奇的活力。她的適應力極強、反應快、韌性夠，總能在變局中找尋最佳出路，往往一抓住際遇、巧遇的機會，很快的轉化為遇合，譜出新的史頁。

其次，三百多年來，台灣抓住歷史際遇、巧遇的機會，釋放出強大生命活力，大都是台灣面向世界的時刻，貿易是其中最好的指標，當海洋貿易興盛，當世界情勢開始轉變時，台灣非但沒有缺席，還能在夾縫中抓住機會，找到自己的舞台。與其他殖民地，或是受外來政權統治的國家相較，台灣表現的突出，已成為人類文明發展的典範之一，她的經驗也可以提供其他國家的參考，而這一切主要是立基於台灣得天獨厚的地理位置。

三一九　新興民族的共同生命密碼

十六世紀，海上交通打開，貿易興盛，台灣是東西方交通的重要媒介之一，新興的西方海上強權國家，以台灣做為進入中國的門戶，台灣也是北從日本、南至東南亞，遠到歐洲貿易必經的通道之一。十七世紀初，荷蘭人不情願被迫的從澎湖轉進台灣，經營轉口貿易，沒多久就發現台灣是金雞母，為東印度聯合公司帶來可觀的利潤。過了六十年後，清朝剛取得台灣時，一度想要放棄，雖然經過施琅力諫，台灣納入大清帝國版圖，但清朝政府並沒有積極治理，直到十九世紀中葉，台灣成為開放通商口岸後，很快成為中國對外交通的前哨站，適時挹注日益空虛的清廷國庫。

同樣的十九世紀末，馬關條約，台灣割讓給日本，一開始日本經營吃力，也是一度要放棄轉賣台灣的宗主權，但不到二十年，台灣建設突飛猛進，日本遂將台灣規劃做為前進太平洋的基地、海外的建設模範。其後蔣家父子統治台灣，台灣並不因為戒嚴威權體制的障礙失去活力，反而取得更為亮麗的經濟成就，這就像當年鄭成功父子治理台灣，雖然只有短短二十多年，也只有小小的台灣一地，但靠著貿易興盛與地理屏障，鄭氏王朝卻能力博大清王朝，也像是二〇世紀末，中國改革開放後，無數台商帶著資金與人才前往大陸設廠、投資，為中國經濟成長注入一股活水。

鄭氏王朝帶著來自以閩南為主的華人移民台灣，跟著國民黨來台灣的新移民，以及現在台商的祖先，他們都是來自中國，卻都扮演著回饋中國的角色，論其根源是來自於一六六四年四月二十五日，農曆三月十九日的這一刻的際遇，埋下華人移民台灣的種子。同樣的，一六六四年代，海上貿易開始蓬勃發展，成為國家興盛的關鍵，這個歷史的巧遇時刻，台灣也剛好躬逢其盛，閩南移民遷徙至台灣的人數，成長比例雖然不高，很快主導台灣走向本土化社會，儘管族群因爭奪土地而衝突不斷，也經常發生大小規模不等的械鬥，華人新移民剝削壓榨原住民族事情也一再發生，族群融和速度緩慢，可是隨著開發腳步擴及於全島各地，新的認同也悄悄在形成，不管是舊有的原住民，還是新的外來移民，慢慢都體認到自己是這塊土地的主人，都想要追求更好的生活。

台灣，像是有著母親的慈愛與包容，提供不同的養分，滿足不同的族群需求，於是際遇與巧遇的會合，加上台灣人的努力，一個新興民族的骨幹，在東亞地區於焉形成。在她身上保有原來中華文明的基因，又加入新的生命元素，如果說中華文明屬於陸地型文明的話，台灣則因為與生俱來的地理位置，將海洋的生命元素加入其中，並且融合成為一個既陸又海、亦農亦商的新興民族，經由不斷嘗試改變與抓住機會往前衝的冒險精神，填寫新興民族的人格內涵，但也因為融合的過程中，舊文明和新元素相互碰撞，產生矛盾與掙扎，帶來出路的迷惘，使得許多台灣人仍不知其實自己擁有無窮的力量，與無限的前景。

我們可以這樣說，「三一九」是這個新興民族的共同生命密碼，與歷經千百萬年來造山運動自大海中誕生的台灣，相互結合，共同激盪出新文明的火花，她與世界同步接軌，但也沒有忘記回報原居地，與其他殖民地脫離母國成為國家來比，台灣經驗，更有其意義。台灣經驗，並不是只有經濟奇蹟、民主政治，還包括她的兼容並蓄的特質，以及能在二十一世紀世界情勢發生變局中扮演更積極的角色。因此，儘管對於中國的台灣、世界的台灣，還在論辯之中，三百多年來累積建立起來的台灣經驗，對中國，乃至於對世界都可以產生典範作用。

自我探索發現台灣　創造我們自己的台灣

台灣要能成為中華文明，未來世界文明的典範，首要之務是了解台灣是什麼？在我們身上共同享有的生命基因，以及這個共同生命基因如何和台灣山水地理結合，產生能量，一步一步形塑出台灣新興民族的面貌。當我們都能深切了解、知道台灣是什麼，生命共同體的體認就會自然烙印在每一個人心裡，也會發覺原來我們有如此豐富的潛力，也有著難以逃避的使命感時，過去以來糾纏不清的中國的台灣、世界的台灣，即能理出頭緒，迎刃而解，而不再是問題，相反的會轉化為動能。

與小巨人裡的傑克相比，我們幸運多了。傑克與其他開拓西部的大小人物，並沒有太多的經驗可以借鏡，我們卻有三百多年來台灣先人們留下的事跡，也有許多有關台灣山水地理的線索。

這些歷史資產待我們重新解讀，拼湊出台灣新興民族成形的最後一塊空白，可以讓像你、我這樣的平凡人物，在不平凡的時代中，見證並創造出不平凡的成就。

這本書雖是從我個人經驗探索台灣，但我始終認為出生在這塊土地上的每個台灣人都是上天挑選來到世上，被賦予一定的職責，共同書寫台灣歷史，打造新興民族，成為人類文明的標竿。二十多年來，我從反省自己開始，並重新瀏覽自己與台灣歷史、山水地理的關連，經由追尋前人的腳步、體驗他們的事跡，改造自己；透過觀照台灣山水地理，找到人與自然，兩者之間的連結關係，終於發現生命的力量，早就存在我們每一個人心中，等待著我們發掘運用。同時，台灣山水地理本身也蘊含著無窮盡的能量，與時俱轉，牽引著來到台灣的每一個人，等著被發掘運用。就是因為了解到人的生命力量是和台灣大地能量的結合，儘管遭遇許多挫折，我依舊滿懷信心與希望，成為度過難關考驗的支柱，更重要的是我的自我探索與發現台灣，更加確認身為台灣人的幸福，以及做為台灣人的天職信念。我願意與大家一起分享我個人的經驗，但更希望大家一起來共同書寫台灣，創造我們自己的台灣。

第一章

蕃薯的原鄉

最早在台灣建立制度化經濟的是荷蘭人，也有證據提到在荷蘭東印度公司抵台早期，已經有漢人的村子存在，根據造訪過的漢人回報，村子裡住的是漁民和海盜，而這些人似乎都只服從一個傑出人物—顏思齊。

顏思齊在官方史書《明史》中未有記載，可是史料和傳說中卻有許多他的故事，這些早期文獻對於某些基本事實，記載內容卻又都是相同的。到底顏思齊是個怎樣的人？為何鄭芝龍要在他過世後，才有機會崛起？鄭成功入台後，為何要急奔去墓前祭拜他？這些奇幻傳說故事，更增添顏思齊的歷史神秘色彩！

史籍記載著當年顏思齊登陸北港，而水林與北港為鄰，有人說水林是蕃薯的原鄉，傳說就是顏思齊設寨的主要起點，這裡迄今仍有「顏厝寮」的地名，又隱蔽著那些古老的故事呢？顏思齊是台灣能量的開頭，而為台灣未來創格的人，當然是人人都崇敬的「國姓爺鄭成功」。

從第二高速公路水上系統交流道下來，往南順著一六五縣道走，沒幾分鐘就會抵達內角營區，這裡是陸軍訓練部隊南部聯合測考中心。進入營區再往更遠處的戰備道路繼續挺進，一路不見幾個人影，只看到小小指示牌，箭頭方向寫著「將軍山」三個字，過一陣子，終於來到一處樹林環繞的小山坳，一座觀景亭赫然出現眼前。從上往下看，傳說中的顏思齊墓園沈靜又落寞地躺在荒丘裡。這樣的景象，雖然已比一甲子前連雅堂看到「墓門已圮，宿草伏焉」的景象要好許多，但還是令人感傷。

一九一〇年代，連雅堂為了撰寫台灣通史，到台灣各地進行田野調查，也來到現在隸屬嘉義縣水上鄉，舊名「三界埔」的顏思齊墓園。看到墓園殘破、雜草叢生的荒廢景象，連雅堂不勝感慨，但聽到當地農夫、耆老述說許多關於顏思齊的故事、傳聞時，又多了一份對顏思齊的推崇，因而在台灣通史列傳篇，將顏思齊列為開台第一人，緊接在後的是鄭芝龍。

連雅堂推崇顏思齊為「手拓台灣之壯士」，奠定了日後顏思齊「開台第一人」的歷史地位。這樣的定位是帶有濃厚的民族主義與愛國情感在內的。當時台灣遭日本殖民統治，中國則長年動亂，列強入侵、民變頻傳，國勢有如風中殘燭，連雅堂藉由顏思齊率眾渡海開拓台灣故事，反駁西方人普遍認為「中國人無冒險進取之心」觀念。他驕傲的說，顏思齊是「非常不羈之士」，雖然最後壯志未酬，但不能用傳統中國的「成王敗寇」觀點論斷，相反的，比起鄭芝龍晚節不保投降滿人異族，顏思齊才是孟子口中所說的「大丈夫」。

連雅堂筆下的「手拓台灣之壯士」顏思齊

台灣通史列傳第一篇「顏鄭列傳」，談的是十六世紀末至十七世紀中期鄭成功趕走荷蘭人之前的閩南移民台灣史。在此更早之前，以福建泉、漳為主的沿海民眾來台灣，多屬零星、季節性的短暫移民，一直到顏思齊與鄭芝龍時期，才比較有計劃性的移民，定居開墾，並且進一步規劃台灣做為海上貿易基地，從而開啟台灣由海上荒島轉變成為漢人社會的序幕。

連雅堂筆下的顏思齊具有仗義疏財等領袖特質，年輕時反抗官府欺壓，被迫離開家鄉逃亡日本，經商致富。一六二四年顏思齊與鄭芝龍等二十六人密謀推翻德川幕府，消息走露，連夜駕船逃亡台灣，於北港地區上岸，築寨而居，招徠漳、泉「無業之民」前來拓墾，不到一年，人數從最初的二十餘人快速增加到三千多人，顏思齊在台灣建立新的基地。未料顏思齊在一次前往諸羅山打獵，歡飲大醉之後，得了傷寒而死。臨終前，顏思齊說，他本來想要建立功業，「揚中國聲名」卻壯志未酬，希望眾人能發揚他的遺志。

鄭芝龍等人就地埋葬顏思齊立墓為誌。顏思齊墓的地點傳說是在「三界埔」，當地人也稱做「將軍山」。三界埔，指的是該地位於現今嘉義水上鄉、中埔鄉與台南縣白河鎮交界處，現在行政區域劃分為水上鄉，不過地理位置更近白河鎮，這裡也是清代早期閩南移民聚落區，因為位處諸羅縣養馬場南邊，也叫做「馬稠後」。

眾人處理完顏思齊後事，馬上面臨新領袖的權力交接問題，連雅堂採取神秘的鄉野傳說，也就是傳統中國領袖誕生最常出現的「天意說」。台灣通史列傳裡寫著，眾人約定「以劍插米」，依序祭拜顏思齊，誰祭拜時劍從米堆中跳出來，誰就是新當家，結果只有鄭芝龍祭拜時「劍躍出地」，眾人認為這是天意，遂共推鄭芝龍為首。

連雅堂將鄉野傳說寫進正史裡，顯然是為了鋪陳台灣是鄭芝龍日後成為海上霸主，富可敵國的發跡地，顏、鄭一脈相傳，就如閩南移民台灣也是一代接一代，才讓台灣從蠻荒之地蛻變為漢人社會。這種傳統中國開疆闢土，拓增版圖，以及教化夷狄的漢人中心觀點，並不是連雅堂所創，但他是第一位把顏思齊地位正名化，將原來海盜兼商人的顏思齊賦予民族英雄色彩的人。因此，他把顏思齊受官府壓迫，不得不逃亡日本；有意推翻德川幕府，消息洩露轉往台灣，以此為根據地，再圖東山再起等傳說，都放入正史裡，並且賦予其行為正當性，強化顏思齊的開台民族英雄地位。

然而現有的文獻資料，看不出具體證據指出，顏思齊推翻德川幕府不成後，選擇台灣做為「侵略四方」的根據地是出於政治動機；相反的，更多的動機可能是出於單純的向海外發展謀財

顏思齊墓園位於現今嘉義縣水上鄉、中埔鄉與台南縣白河鎮交界處的「三界埔」，台灣通史列傳更將顏思齊列為「開台第一人」。

致富。其次，也沒有具體證據顯示，顏、鄭集團有強烈使命感，相反的，他們更可能比較偏向於一群因緣際會結合的梁山好漢。促使他們聚集一起，與其說是志向相同，不如說是結合利益，就像他們招徠漳、泉之民來台，主要是為了壯大勢力，未必是為了經略台灣。最後，顏、鄭集團停留在台灣時間並不長，就算有些文獻指出，一六二一年顏思齊就已登陸北港，但恐怕也是短暫停留，以北港為食物、水源的補給站。日本與南洋的貿易才是顏思齊主要活動區域。

以當時的環境來說，日本的商機要比台灣大得太多，顏思齊把台灣視為發展重心時間不到一年就過世，雖然可以說因為時間很短，顏思齊來不及實現其雄心偉業，然而在他死後不久，集團主要成員也隨著鄭芝龍回到中國，即使有台灣根據地之意，也因為後繼無人，難成氣候而瓦解。這些現象都說明了顏、鄭集團是一個缺乏堅定信仰與內聚力的組織。

歷史與傳說之間，本來就有很大的想像空間，連雅堂對顏思齊的推崇，有其當時客觀環境與主觀意向，但連雅堂觀點卻因此影響後人對顏思齊的看法，傳說因而超越歷史真實，也產生新的意義，增添這位傳奇人物的生命內涵。

漢人在台基業開端　比美東漢班超

一九五〇年代，國民黨政府撤退至台灣，開啟台灣為復興基地、反攻中國大陸的時代。

一九四八年四月十九日「新生報」上，登載一篇嘉義市長宓汝卓的撰墓考文，內容是顏思齊的平生事略。這是戰後最早注意到顏思齊在台灣歷史定位的新聞。宓汝卓其人，我所知有限，只知道他是投筆從戎的青年軍，一九四六年隨同國軍部隊來台，先駐守在高雄要塞，二二八事件後，調任嘉義市長未久，他就到三界埔巡視顏思齊墓，並且豎碑立文為誌。來自中國北方的宓汝卓，為何會弔念顏思齊？又何以撰寫顏思齊墓考文？因為缺乏具體文獻，難以理解，但從他所寫的墓考文中可以發現，他對顏思齊下了一番研究功夫，他對顏思齊的歷史地位評價，除了延續連雅堂的觀點外，更進一步將顏思齊與鄭成功串連一起，並多了一分為顏思齊抱不平的氣概。

宓汝卓在文中闡釋鄭成功繼承顏思齊遺志，奠定三百年來漢人在台灣基業，而此一基業是由顏思齊開端外，他也不認同歷來史籍指顏思齊為海寇的說法，相反的，宓汝卓認為顏思齊可以比美東漢班超，因而豎碑立文略述顏思齊生平，以正今後視聽。

「思齊有經略台灣與日本之理想，與初步籌劃，惜天不假年，而延平則完成其經略台灣之遺志者也，是思齊非海盜，實一熱心慷慨冒險進取之士，蓋班定遠之流也，數百年來，史籍所載，均指思齊為海盜，誣思齊實甚，用立石於其墓。」（見民國三十七年四月十九日新生報）

西元一世紀，班超棄文就武，經略西域，讓東漢得以繼續掌控西域，成語「投筆從戎」典故即出自於此。班超最重要成就是打開了東、西方交流。班超在西域總共待了三十一年，東漢一統西域後，他曾派特使前往當時稱作大秦的羅馬帝國，想要建立兩國邦交，雖然未能成功，卻意外打通東、西方貿易交通，由於絲織品是這條長達數千公里的貿易商品大宗，後人因而以「絲路」稱呼。

宓汝卓視顏思齊為「班定遠之流」（按：班超受封「定遠候」之故），放到實質功績與歷史影響面上來看，顏、班兩人難以並論，其中部分因素應與宓汝卓個人感情投射有很大關係。對日抗戰末期，他就是受國民黨投筆從戎政策影響加入青年軍，文獻也指顏思齊曾密謀推翻日本的德川幕府；他與顏思齊也同是離鄉背井，最後不約而同來到台灣。

顏思齊與宓汝卓兩人身處不同世紀，不同環境，也有不同的際遇，但因為這些關連讓他們穿越時空與現實而連結在一起，宓汝卓從中獲得感情與理想的宣洩與寄託，而顏思齊則超越事實，得到了歷史的肯定。這和連雅堂拉高顏思齊歷史地位，其實是如出一轍。

宓汝卓為了加深顏思齊與鄭成功傳承開拓台灣為漢人社會基業的地位，文中還引用了一則民間傳說，亦即鄭成功出兵攻討荷蘭的理由之一是要拿回先人土地。此一傳說的邏輯是建立在鄭芝龍繼承顏思齊首領地位，等於是繼承台灣宗主權，雖然鄭芝龍日後分別被明、清兩朝招降，未住在台灣，但還是擁有台灣主權，鄭成功要荷蘭人離開台灣，不過是要回他父親的土地而已。這則傳說主要是鄭成功承先啟後實現顏思齊開創經略台灣志業，與另一則顏思齊墓傳說有關連。

墓碑鎖在幽林荒丘中　設置開拓登陸紀念碑

傳說顏思齊得病猝死，鄭芝龍等人樹立多起墳墓外，墓碑亦不署名，以防遭人盜墓，鄭成功入台後曾到顏思齊墓祭拜，為便於日後再來祭拜，舉劍劃墓碑，留痕為記。這則傳說有兩個不同時空關連：在歷史與政治意涵方面是強化了顏思齊、鄭成功的一脈相傳，讓鄭成功向荷蘭人索回先人故土的傳說有了具體的「證明」；在實務與現實層面，文獻只記載顏思齊葬於諸羅山三界埔，地點猶未具體，加以現在傳說的顏思齊墓有碑無文，即使碑上可以清楚看到一道痕跡，並無法就此確信為顏思齊埋骨之處，事實上，時至今日，當地還有人認為現在所見並非真墓，顏思齊

連雅堂推崇顏思齊為「手拓台灣之壯士」，奠定顏思齊「開台第一人」的歷史地位，此定位帶有濃厚的民族主義與愛國情感。

真墓另在附近一處山腰，因而還曾一度引發雙包案風波。

一九七五年嘉義縣政府對顏思齊墓進行調查後申報內政部暫列為第三級古蹟，其中引據的一個佐證是傳說一九五三年一位學者周冠華，以白紙、鉛筆拓印墓碑，發現「顏思」兩字，以此證明了該墓確實為顏思齊墓。一九八〇年嘉義縣政府進行墓地景觀整理，並著手研擬開發計劃，一九八二年文化資產保存法實施，文建會、內政部邀請學者實地鑑定，在無確切證據證明墓之真偽下，公告解除第三級古蹟，一直到二〇〇六年傳出顏思齊墓遭破壞與盜墓消息後，嘉義縣政府再度援引文化資產保存法，核定為暫定古蹟外，並研擬再請學者考證。然而到目前為止，還沒有更新考證的結果出現，加上顏思齊墓位處軍方管制區內，並不對外開放，以致顏思齊墓仍鎖在幽林荒丘中。

一九四八年宓汝卓撰碑文試圖為顏思齊正名起，間隔十一年後，一九五九年底政府在北港設置「顏思齊先生開拓台灣登陸紀念碑」，出面的是台灣省省主席周至柔（任期一九五七－一九六二年）與雲林縣長林金生（連任兩屆一九五七－一九六四年），會同北港鎮公所、鎮民代表會及各里里長連署設置。紀念碑由周至柔署名，碑體四周分別嵌入林金生所題「海甌著績」、鎮代表與各里長題「開台先驅」和「拓港徽功」及鎮長陳向陽撰文「顏鄭兩公開拓北港記」。

從「顏鄭兩公開拓北港記」文中強調因為顏思齊開拓台灣「遂使荒島漸成上國」等多處過於

一九八〇年嘉義縣政府進行墓地景觀整理，直到二〇〇六年傳出顏思齊墓遭破壞與盜墓，嘉義縣政府援引文化資產保存法，核定為暫定古蹟。

政治性用語，有些內容甚至與史實不符來看，設置開拓登陸紀念碑，應該是來自於國民黨政府將鄭成功定位為「民族英雄」，台灣為「復興基地」政策下的產物，設碑的決策層級可能來自中央。但接下來數十年間，中央或地方政府很少出現有關紀念顏思齊的活動，也不是政府發展北港文化觀光的重點項目，只是列為景點之一，現在的登陸紀念碑默默矗立於北港民生圓環，位處當地商業精華區與交通幹道，車輛川流不息，逛街人潮不少，卻少見遊客停駐下來瀏覽附屬於登陸紀念碑的水池、銅鑄青蛙等設施，更不用說觀看碑文內容了，而登陸紀念碑經年累月風吹雨打，油漆剝落，逐漸失去原有光亮色澤，與緊鄰一旁不到百公尺遠的朝天宮，熙來攘往、車水馬龍熱鬧景象，形成強烈對比。

顏思齊再登上媒體版面是一九八〇年代，地點由雲林北港轉到嘉義水上，這次是由水上鄉公所發起紀念顏思齊活動，前往三界埔顏思齊墓地追思紀念，算得上直接紀念這位開台第一人了，但地方政府主要目的是搭上日漸盛行的台灣文化旅遊風氣，重新委請學者考證顏思齊墓、與軍方展開協調，計劃將鄰近鹿寮水庫與顏思齊墓串連成為兼具文化觀光的森林遊憩區。

這時候的顏思齊也跟著時代變化成為觀光文化資產，然而要運用顏思齊發展觀光價值，需要很多條件配合，協商軍方同意開放、爭取經費進行道路修整與附屬休憩設施，以及與台糖洽談開放鹿寮水庫（按：鹿寮水庫是台糖公司南靖糖廠為灌溉蔗田而興建的蓄水庫，並不對外開放），可以想見曠日費時，顏思齊墓再度開放重現人間，恐怕還要等上好一段時間。

觀照台灣歷史生命　以全面貌、新視野看待台灣未來

連雅堂、宓汝卓、陳向陽等不同世代筆下的顏思齊人物，雖然呈現不同時代的詮釋，但大都依循漢民族開疆闢土，化蠻荒之地為中華版圖的傳統價值，他們所寫的顏思齊未必符合歷史上真實的顏思齊，也都各帶有個人或是統治階層的感情投射，或是反映政策背景，卻都有助於後人進

一步了解顏思齊；而不同時代人對顏思齊的評價，也提供後人了解不同時代的社會演變等相關訊息的線索。

「歷史」一方面是這些過去與現在、史實與傳說、真實與人為等各種元素相互作用建構出來的認知圖像；另一方面「歷史」也因為時代久遠、文獻資料不足與遺失等種種不可測變數，無法

一九五九年底政府在北港設置「顏思齊先生開拓台灣登陸紀念碑」，紀念碑由台灣省省主席周至柔署名。

建構出精確完整的面貌，以致主觀價值與意識想像在歷史裡能同時並存，各自佔有一定的空間。正是有這些因素，歷史才會從死的檔案文獻中活了起來，拉近現代與過去的距離而產生真實感，使得過去的事出現新的意含，讓後人從中獲得啟示。

這是本書的主旨：透過觀照台灣歷史生命，地理山水，發掘來龍去脈，可以更精確掌握台灣與生俱來的特質，以及未來她應扮演的角色。

以顏思齊做為開頭，有其特別意義。其一是這位在台灣歷史長河裡驚鴻一瞥的傳奇人物，既沒有留下具體建設，也沒有留下實質啟發後人的遺產，最後竟從原來的亦盜亦商，甚至盜多於商的人物，一躍成為「開台先鋒」、「開台第一人」、「開台王」等不同地位評價，具體展現了歷史與傳說相互並容、互為作為，形成另一種歷史認知的範例，而這樣的歷史認知，主要建立在他恰巧走在閩南人大規模移民台灣浪潮之前，並且率先有計劃招徠移民的事實基礎之上，沒有此一基礎，他就無從取得開台第一人的有利位置，反過來說，也因為有此一基礎，才提供後人可以不同的想像與詮釋空間，從而拉高顏思齊的歷史高度。

其二是顏思齊例子也提供了我們發掘諸如山水大地、共同經驗等感性因素在歷史形塑中扮演的角色，以及其與客觀環境相互牽引作用的線索，這也正是本書主旨所在。本書並非要刻意凸顯感性高於理性，而是點出兩者之間的關聯與互補的重要性，它是豐富了歷史面貌所不可缺的要

「顏思齊先生開拓台灣登陸紀念碑」碑體四周分別嵌入雲林縣長林金生所題「海甌著績」、鎮代表與各里長題「開台先驅」和「拓港徽功」。

素，如果只過於偏重文獻史料、只注重真假，很難窺探歷史奧妙與真義。探索歷史如此，生命與文明又何嘗不是如此，也因此本書除了從台灣歷史角度切入，也會加入我個人經歷及我的家族史，做為另一種例證，期望導引以全面貌、新視野看待台灣的未來。

海上絲路必經之地 「福爾摩沙」之名由來

一六八三年鄭克塽投降清朝，台灣納入中國版圖，第一位來台派駐諸羅縣令的季麒光，兩年後他把在台灣所聽、所聞寫成書，其中對顏思齊看法是「萬曆間，海寇顏思齊據有其地，鄭芝龍附之始稱台灣」。季麒光原意是要解答「台灣」之名的由來，但意外曝露出顏思齊真實面貌，埋下日後連雅堂等人為顏思齊正名，重新定位的伏筆。但不管是季麒光，還是連雅堂等人，他們對顏思齊的看法，都脫離不了前述所說的以漢人中心思維觀點來看待台灣，而無法客觀看待顏思齊來台的背景與其所反映的意含。

十五世紀末航海大發現促成海洋世界來臨，從十六世紀中葉起，新興的海上國家諸如西班牙、葡萄牙、荷蘭、英國因追尋香料、磁器、絲織品等貿易鉅額利潤紛紛來到東方，他們渴望與中國直接貿易賺取更多的利潤，卻不為明朝政府所允許，退而求其次以浙江、福建沿海地區做為連結日本（九州）、東南亞（馬尼拉、雅加達）到歐洲貿易航線的中繼站，台灣是這條海上絲路必經之地，「福爾摩沙」之名，便是由此而來。

隨著貿易逐漸興盛，台灣地理的重要性也日益增加。十六世紀中葉後，豐臣秀吉與德川家康就先後動過腦筋要征服台灣高砂族，雖然計劃未遂，時間比一六二四年荷蘭人自澎湖轉進台灣安平還要早，而荷蘭人據台後未久，西班牙也不落人後佔據基隆、淡水做為貿易據點。在此之前，台灣即使有漢人居住，人數應也很少，而且可能屬於季節性移民的成分居多，例如閩南漁民冬天前來捕撈烏魚。台灣像是躺在搖籃中的沈睡嬰兒，不為人所知，然而因為海洋世界來臨的效應，台灣第一次浮現於世界舞台，就逐漸受到重視，開始活躍展現旺盛活力，成為繼東南亞越南、印

連雅堂、宓汝卓、陳向陽等不同世代筆下的顏思齊，大都依循漢民族開疆闢土，化蠻荒之地為中華版圖的傳統價值。

尼、菲律賓之後華人新移民地。

海洋世界來臨改變了中國的命運，最後也扭轉了台灣歷史走向。因為地緣之故，浙江、福建、廣東沿海居民紛紛受到這股新興潮流吸引而向外追求新生活；其中又以福建發展最為迅速，十六世紀中葉後，他們逐漸取代原本為浙江人掌握的日本貿易航線，並蔓延到現在的東南亞一帶，成為當地新起經濟勢力，也成為日後「華僑」的濫觴。十七世紀初，海上貿易增加後，再次的因為地理位置之故，台灣成了閩南人下一波的目的，例如傳說顏思齊的生意夥伴李旦，他們兩人一個在台灣北港、一個在日本九州，彼此互為奧援，也因為順風搭上這艘海洋巨輪，很快的就嶄露頭角；又如鄭芝龍，十五、六歲即離開泉州，前往當時是葡萄牙貿易據點——澳門投靠舅舅，期間受洗天主教，還有個拉丁文名字。一年多後，他隨著葡萄牙貿易船到了平戶（日本長崎縣西北部）投靠李旦，由此和顏思齊建立起關係，奠定日後建立海上王國的基礎。

顏、鄭二人是這段因海洋時代巨幅改變世界面貌的大浪潮中，大家耳熟能詳的人物，還有許許多多傳奇人物，不為史籍所載。這些無名英雄史蹟可能比不上顏、鄭來得精采，主要原因是受限於以自我為中心的明、清兩個政權，乃至於後來接手的政府，並不重視海洋世界來臨背後所代表的意義。例如，明朝末年，因為飽受倭寇侵犯之苦，往往視朝海洋發展的東南沿海居民與倭寇同流合污而稱為「海寇」；到了十九世紀中葉，倭寇不見了，卻來了一群更可怕的西方列強，侵門入戶，讓清朝陷入無底深淵，從而促成孫文（一八八六—一九二五）革命成功，誕生亞洲第一個民主共和國，但這個新起政權，基本上還是放眼在固有的大陸世界，不像無數個類似顏、鄭的傳奇人物，因為受海洋世界的洗禮，很早就將眼光往外看，抓住這個機會。

如果說台灣自古無中國人，有自顏思齊始之的話，就應從海洋的角度來看待她的地位；然而不管是「海寇論」、「開拓台灣第一人說」，其實都忽略了此一時空環境變化的重要事實，仍以漢人自我中心來看待台灣及其住民，以致只呈現了部分的面貌。令人遺憾的是這樣的觀點，雖然從二十世紀末後開始有了轉變，跨出漢人自我中心的藩籬，但不可否認的是它仍居於主流地位。就像對台灣原住民的看法，現在雖然有了很大的改變，例如稱呼從「蕃」、「山胞」到「原住民」，也慢慢知道他們是南島語族，文化思維等各方面都與漢人不同，但是對南島語族、台灣之間的關連，以及其所反映的時空意含，仍還存有誤解。

然而翻開大約從一萬年前，至十七世紀漢人進入台灣前，八千多年的歲月裡，住在台灣島上的各支南島語系族，他們的祖先只靠著一葉扁舟航行於大洋間，返還台灣多次，來的人走了，又有另一支族群接著抵達台灣。現在學術界都認為台灣是南島語族分布的最北端，台灣的生命與海洋有著不可分割的關係，這是看待漢人移民台灣的基本前提，離開了此一客觀環境，就難以完整呈現台灣及台灣人的面貌，感性與經驗偏離了此一主軸，就難以發揮與客觀歷史的互補功能，而易流於個人的想像。因此，我們可以說「海洋」是組成台灣歷史生命DNA的基礎，而孕育此一DNA的動力則是十六世紀東西方交流帶動的海上貿易。

海洋型思考拓展視野　帶來新議題與新看法

一九九〇年台灣史泰斗曹永和教授正式提出「台灣島史」概念，認為應將台灣史放在世界史脈絡中，以建立區域總體的台灣新史學。此一新史觀大大影響台灣研究方向，台灣島史的概念，其實也可做為了解台灣生命DNA的指南，而不僅運用於學術研究領域內。一九九九年，出生於台北縣的中央研究院歷史研究所研究員陳國棟寫的一篇文章，主題談的是台灣史與東亞海洋史關係，不算是嚴謹正式的學術文章，但文中的分析精闢點出「台灣島史」概念所蘊含的人文內涵。

陳國棟說：「想一想，雖然我們都生活於海島上，無論住在那裡，一、兩個小時之內，都可以親近到海洋；可是在日常生活中，我們並不常想到四周的大海。我們吃魚不如日本人頻繁，我們更少像英國人那樣流傳著數之不盡的海盜故事。生活影響了思考。我們在海島上過著大陸型的生活，把來自海上的接觸當做是偶發的事件，船過水無痕，不再放在心裡，不但對自己的歷史理解有所偏差，同時也錯過了一種擴大視野的機會。」

「雖然就台灣的地理位置來說，它處在亞洲大陸的邊緣，可是以海洋的觀點來看，它不正是位於東亞世界的十字路口嗎？從美洲經太平洋通往其他亞洲海域，台灣是必經之途；自鄂霍次克海南下，經黃海、東海前往菲律賓、澳洲、紐西蘭，不也路過台灣海域？換一個角度來看，台灣正是自我世界的中心。不由自我中心出發去看世界，而從島外其他的中心去看世界，不但不能理解台灣歷史的來龍去脈，也找不到台灣在世界政、經發展上的有利地位。」

接著陳國棟以「天際線」（Skyline）和「地平線」(Horizon)比喻大陸型文化與海洋型文化思維的不同。他說：習慣於大陸型的文化思考模式，「宛如置身於大城市中，放眼看去，只看到天際線，那是人類自己的努力成就，不免傾向於站在自己的立場來看世界，同樣也是容易陷入以自我為中心，從而忽視其他世界的困境」。採用海洋型的文化思考，則「宛如搭船在海上破浪前進，海上沒有人類的建築物，因此看到的是地平線。」「由於地球是圓的，因此當船隻行進時，原來看不見、隱藏在先前所見地平線背後的新地平線就不斷浮現出來。海洋型的思考不但能拓展視野，而且經常有可能帶來新的議題與新的看法，從而提昇我們的見識。」（引自陳國棟：「台灣的山海經驗」書裡「台灣史與東亞海洋史」一文；聯經出版社二〇〇五年）。

「天際線」和「地平線」的思維差異，恰巧反映了季麒光、連雅堂以來等人對顏思齊看法的盲點及侷限，但緊接著而來值得我們思考的課題是光是用「地平線」的視野可能還不足以拼湊出完整的台灣歷史生命DNA，還須輔佐以人類共同生命經驗、與生俱來的山水大地所潛藏的生命指引方向力量，以及一些無法用科學理性所能解釋的想像與異象等，逐一探究其中的連結關係，最後彙整出生命圖譜，惟有如此才能是完整的台灣歷史生命DNA，不但豐富了其面貌，也拉高了它的高度，並發揮指引台灣未來出路的作用。

以「笨港」做為根據地　台灣漢人社會發源地

如果顏思齊被認為開拓台灣第一人，接下來幾個有趣現象便值得探索：顏思齊等人何以選擇笨港地區（雲林縣北港鎮）做為根據地，而沒有選擇安平一帶；論建廟年代，北港朝天宮並非台灣最古老媽祖廟，卻有台灣媽祖廟總廟的象徵地位；一九五九年政府發起設置顏思齊登陸北港紀念碑後，便再無發起舉辦相關的紀念活動。三者之間橫跨了不同世紀，共同的地方都與「北港」有關，但每一個現象不見得都能用科學與理性解釋清楚。

例如荷蘭人比傳說中一六二一年顏思齊登台時間要來得晚，即使史籍記載一六二四年農曆四月顏思齊登陸北港，荷蘭人也是在同一年的農曆七月與明朝福建總兵俞咨皋達成協議，自澎湖撤退轉進登陸於安平，時間還比顏思齊晚一些，而當時兩地水文狀況與漢人居民人數也相去不遠，就航線距離而言，泉州至北港比至安平要近，距離或許是一個關連因素，也可能是當時笨港地區為漢人漁場與原住民交易場所，因為從文獻來看，一六二四年荷蘭人佔據安平後，曾覬覦笨港地區，但要十多年後才將笨港地區納入統治領域內。現在水林鄉已經發現兩口荷據時期遺存的水井，應可以佐證此一說法，但無論如何，這些都不是顏思齊選擇北港的全部原因。（註）

此外，史籍記載顏思齊登陸北港後「築寨而居」，傳說共設十寨，根據地方考證指出，十寨範圍包括現在雲林縣北港鎮與水林鄉兩地，可考者有一半以上是在水林鄉境內，傳說中的主寨即今水林鄉公所所在地之水北村。水北村迄今仍有「顏厝寮」村落，居民皆姓顏，還保持著每年農曆三月二十九日至村落外山丘上祭祖掃墓習俗。

水林與北港相鄰，從朝天宮到水林距離不到六公里，都屬北港溪下游沖積平原的聚落。三百多年前，位在西方的水林可比北港更接近台灣海峽，說明了水林是顏思齊設寨的主要地點，水林與北港同屬於笨港，但現在笨港卻成了北港的古名，甚至還有人並不知道雲林有個水林鄉，就像花生及其加工製品是北港著名的特產，許多人未必知道水林是北港花生的主要供應地之一，更有趣的是水林是雲林縣內，乃至中部地區蕃薯的主要產區，水林蕃薯量多質佳，但銷往外縣市，往往要打著竹山蕃薯名號，價格才能拉高，一直到數年前，水林鄉公所與農會每年十二月舉辦蕃薯節活動後，水林蕃薯才逐漸打響知名度。

本章取名為「蕃薯的原鄉」，便是取自水林鄉為了推廣地瓜所想出的品牌代言，強調水林是台灣蕃薯的代表地，而蕃薯正是最常用來形容台灣人民族性的用語之一，所謂「蕃薯嘸驚落土爛，只求代代枝葉傳」比喻台灣人的生命堅韌，無處不可生存，只要尚存一口氣息，便有大放異彩的機會。

其次，如前所述一九五九年政府發起設置顏思齊登陸紀念碑，以當時政治環境，決策層級應在省政府之上，我的看法是很可能與蔣經國有關。那時候蔣經國擔任退輔會主委（一九五七—一九六四年），接受接班歷練的同時，也開始建立起他後來著名的下鄉親民的本土作風，等到蔣經國接掌國防部時（一九六四年擔任國防部副部長、部長任期為一九六五—一九六九年），接班氣氛已定。一九六七年還是國防部長的蔣經國，第一次到北港朝天宮參訪，創下政府高層首長參訪台灣民間廟宇先例。其後蔣經國自一九七二年接掌行政院到一九七八年卸任止，總共去了六次朝天宮，除了一九七二年初上任未去外，每年都去參訪。一九七八年繼任總統到一九八八去世止，蔣經國也去了兩次朝天宮（一九七九年及一九八一年各一次），也都分別創下政府高層首長參訪單一廟宇次數最多的記錄。事實上，如果蔣經國晚年健康沒有迅速惡化的話，他前往朝天宮參訪次數應該還會再增加。

蔣經國從開始接班到繼任總統，全面掌控大局，總共去了九次朝天宮，這項記錄可說空前絕後，問題是他為何獨鍾情於朝天宮？最大原因除了與傳統民間社會普遍認為朝天宮是台灣媽祖廟的代表，因而有「總廟」之稱，以此做為他治理台灣論述外，其中也應與顏思齊有關連。顏思齊被定位為開拓台灣第一人，他最初登陸台灣的地點就是北港，亦即笨港。無形中北港具有台灣漢人社會的發源地，北港朝天宮則意含著台灣媽姐信仰的代表地，都出現在同一個地方，巧妙結合為一，這就不是科學與理性所能解釋得了。

另外大約在顏思齊登港紀念碑設立的前後，中油公司在北港一帶探勘油源時意外發現一項重要台灣地質結構：「北港基盤高區」，或簡稱「北港高區」。六百萬年前歐亞板塊與菲律賓板塊碰撞造成台灣島出現。就地質年代而言，六百萬年很年輕，中油探勘的地質顯示，在台灣中西部地底下存在一個與歐亞大陸相連的遠古岩盤，地質年代六千五百萬年，其後到了約一千多萬年

本書除了從台灣歷史角度切入，也加入我個人經歷及我的家族史，做為另一種例證，導引以全面貌、新視野看待台灣的未來。

前，受古南中國海漲裂影響，噴發出的澎湖玄武岩，加入此一遠古歐亞大陸岩盤，形成現在以澎湖為中心向外延伸的圓形區域，它的東側邊緣最北到苗栗縣，最南到台南縣，但以雲嘉地區面積最廣，成為台灣島年代最古老的地塊，因為是在北港首次發現，便以北港為名。

由於北港高區地質甚為堅硬，台灣因造山運動產生的中央山脈往南過了濁水溪後，受到北港高區的阻擋，山勢走向遂被迫呈現S形，沿著高區邊緣在雲林一帶向內凹了進去，也因而形成地表上的嘉南平原，這是北港高區對台灣地貌的最大影響。因為北港高區形成的嘉南平原成為台灣最早開發的區域，北港正是在此一古歐亞大陸與台灣島連結最前緣，以及在北港高區之上形成嘉南平原中心。其次，台灣屬於地震頻繁地帶，但受北港高區堅硬地質的保護，過去三百年來，儘管台灣西部地震不斷，北港高區內地震次數相對少，可知的記錄中只有一九〇四年及一九〇六年兩次規模六級以上的地震震央位在斗六與民雄，才對北港地區造成明顯的損害。

地質上的無形意識連結　化為人文上的意識連結

顏思齊登陸笨港率先開拓台灣、北港朝天宮具有台灣媽姐廟總廟的民間信仰地位，與北港高區，此一台灣最古老地塊有著無形中的連結，而火山噴發形成澎湖群島，將位於亞洲大陸東南邊緣的福建與北港高區連成一氣，地質上的無形意識連結，進而化為人文上的意識連結，促成顏思齊與朝天宮的定位，還無形中牽引著現在水林鄉以「蕃薯的原鄉」做為行銷蕃薯自有品牌口號。

反過頭來說，北港高區範圍很廣，卻偏偏是在北港一帶發現，時間又與政府設置顏思齊登陸紀念碑相去不遠，如此巧合，不也是無形地理與人文意識連結的隱性顯證，就像傳說中鄭成功「向荷人索回先人故土」，所引用的理由是因為他的父親鄭芝龍繼承顏思齊統領台灣，雖然鄭芝龍後來返回福建，閩南人還是繼續移民來台，等於他仍擁有台灣的宗主權，荷蘭人來台是暫借而已，於是他可以名正言順的要求荷蘭撤退台灣，也像傳說鄭成功祭拜顏思齊墓，他以「義侄」的身分祭拜「義伯」，取其父親與顏思齊結拜兄弟之意，最後以劍刻痕為記，留待來日祭拜，其中的引據，並不見得是事實，但用意識連結來解讀的話，卻是脈絡可尋，相對的也進而連帶拉高顏思齊、朝天宮、鄭成功等的歷史高度。

其次，之所以推測政府設置顏思齊登陸紀念碑與蔣經國有關，也是來自北港意識連結的啟發。顏思齊確有其人，但畢竟其人已逝，又無具體遺物可供發揮其歷史價值，即使有了顏思齊紀念碑，比起林默娘傳奇故事及在台灣民間信仰的重要性，媽祖更便利於連結歷史與現在，也更具有時代意義。因此，從政治的意識統治學上來看，由顏思齊轉為朝天宮，是可以完全理解的。前幾年造成轟動並且引發熱烈迴響的「達文西密碼」小說，很具體而微又精彩迷人道出意識統治在政治上重要性的範例。其實在中國，由人而神被運用為意識統治手段，時間並不比西方晚，故事內容也未必輸給西方，就像清朝統領台灣之初，立即敕封媽祖，從原來的天妃神格晉升為天后，便是意識統治的運用手法，其後繼清朝之後的日本政府，亦復如是，在皇民化運動風行之際，日本政府禁止民間迎神賽會，拆廟破除迷信，但對朝天宮卻善加維護，更加促成朝天宮在台灣媽祖廟的地位。

同樣的，繼日本政府之後統治台灣的國民黨政府，蔣經國特別有意展現親近民間，論其原因，也是意識統治之故。蔣經國總共去了九次朝天宮，其中最傳奇性的一次是一九七九年。傳說當年十月，罕見出現強烈颱風侵襲台灣，民眾紛紛祈求媽祖顯靈庇佑，本來撲向台灣的颱風最後路徑轉向日本，化解一場可能的災害，據說當時已做總統的蔣經國先派省主席林洋港到朝天宮感謝媽祖保佑外，十月二十日他偕同總統府秘書長馬紀壯專程南下參訪朝天宮，祭拜媽祖。

蔣經國參訪朝天宮真正的動機，當然不會明說，也不見得與颱風有關，一如颱風侵台與否是因當時天氣結構而定，並非媽祖顯靈，但民眾願意相信，政治人物也加以附和，並以行動展現，其背後的能量來源是出自北港地理，以及在北港土地上興建的媽祖廟，最後導致出山水大地、神明與人事的結合，不但化為新的動力及運用內容，而且也顯示出只要是到了台灣，不同時代的人，與不同統治者，都會從既有的山水大地、人事地物背後隱含的生命意識，彼此連結運用於現實世界裡，繼前人之後再創造新的故事，再傳諸於下一代。這就是生命、文明的演化，意識召喚與生命連結正是構成其中的主要DNA。

再啟台灣DNA　再創新高峰

把顏思齊墓拿來與鄭成功（一六二四—一六六二）墓址紀念碑對比，或許有助於理解顏思齊雖然已建立其歷史地位，但並沒有進一步構成意識轉化的能量。現在位於台南縣永康市，舊名州仔尾一地的鄭成功墓址紀念碑，和顏思齊墓、登陸紀念碑都是真實地點不可考。但顏思齊墓至少還有憑有據，鄭成功死後葬於洲仔尾，但在一六九九年，也就是清朝政府入主台灣十六年後，以禮葬明室遺臣鄭成功父子為由，連同鄭成功墓與在台灣鄭氏歷代墳墓都遷回福建泉州南安縣安葬，現在所看到的墓址紀念碑是一九八〇年台南縣政府所設。

清朝盡數遷移在台鄭家墳墓及其遺物回到鄭氏宗族故居地，是出於政治考量，主要是防止台灣住民祭拜鄭成功興起反清復明意念，杜絕肇生動亂之虞。自此之後，官方不曾在台灣舉行有關鄭成功紀念性質的活動，消失匿跡了一百七十六年，有關紀念鄭成功活動及信仰轉入民間社會，一直到一八七五年，光緒皇帝批准在台為鄭成功設立專祠、祭祀，也就是現在位於台南市開山路的延平郡王祠，蟄伏了近二世紀。不見容於地上的鄭成功信仰，浮出於地面後，立即活躍於人世間，意識連結的力量之大，可見一斑，也顯示出意識連結的流傳並不受時空束縛，時機來臨，一經連結就會化無形為有形能量。

因此，從清朝末葉，建立延平郡王祠之後，鄭成功再度浮現於台灣歷史舞台上，延平郡王祠也成為鄭成功信仰的中心；相反的，傳說中的鄭成功墓址所在地，雖然就源頭而言，更貼近於鄭成功，但因為意識流傳之故，即使洲仔尾也設置了鄭成功墓址紀念碑，它的精神象徵遠遠不如延平郡王祠，今天提起鄭成功其人，第一個聯想是延平郡王祠，知道鄭成功墓址紀念碑者，恐怕與知道延平郡王祠者的比例過於懸殊。

由鄭成功墓址紀念碑到延平郡王祠的意識連結和轉移，提供了了解顏思齊登陸紀念碑到北港朝天宮的意識連結和轉移，及顏思齊、朝天宮立基於北港的線索，而其意識本源皆來自遠古時代台灣浮出於人世間後，因為地理位置、海洋世界來臨，這是探索台灣的最重要基礎，也是發現台灣生命力及其隱含文明動能的ＤＮＡ，經由不同時代的人們一次又一次組合運用天生賦予的ＤＮＡ，台灣一次又一次創造令人稱奇的歷史，繼海洋世界之後，地球村時代來臨，人類文明面臨再次更新之際，值得所有台灣住民思考的課題與使命是如何再啟台灣ＤＮＡ，再創新高峰。

事實上，回顧台灣島的誕生過程，就是一場精彩的故事。六千五百萬年前的造山運動，改變了世界面貌，台灣島還躺在太平洋海底下，即使六百萬年前，因為歐亞板塊與古太平洋板塊擠壓，台灣島雛形浮現於海上，但接下來的數百萬年，來自於歐亞大陸、太平洋與菲律賓板塊的擠

顏思齊最初登陸台灣的地點就是北港，無形中北港具有台灣漢人社會的發源地，北港朝天宮則意含著台灣媽姐信仰的代表地，都出現在同一個地方，巧妙結合為一。

壓一直到現在仍在進行之中，也帶動新一波蓬萊運動，台灣也不斷成長、抬升與擴大，她的生命能量就像因蓬萊運動擠壓，造成東亞最高峰的玉山般，以絕佳的高度俯瞰著位於她的東西兩方。

往西看去是綿延不絕的亞洲大陸，往東望去是廣袤無垠的太平洋。就意識角度而言，前者意含她的來龍，後者代表她的去脈，這時候的台灣，雖然尚無人居住，而且就人類歷史，台灣有人居住的時間，就像她的地質年齡，非常年輕，但初登世界舞台，她就已具備了絕佳的生命能量，也預告了台灣未來的方向。然後又再隔了數百萬年，一直到東、西方海上交通打開，觸發了人類另一波新文明時，台灣終於從沈睡中甦醒過來，這回她要抓緊機會，大展身手，就像她一開始被取了好聽又美麗的名字——FORMOSA般，她不再在熱鬧繽紛的世界中缺席，而要展現初生之犢的勇氣與能力。

顏思齊是第一個開啟台灣生命能量的華人，然而因為早逝的緣故，他無緣延續接收來自台灣的能量，甚至可能還只是懵懵懂懂了解台灣，但已經是個開頭，意識列車已然啟動，率先接棒並且為台灣的未來定形，這個人就是傳說尊稱顏思齊為義伯的鄭成功。

第二章 人間還有鄭延平

台灣進入全球化歷史中，鄭成功絕對是傳奇人物。當下不管在台灣還是中國，都稱頌他為「民族英雄」，因為他驅逐荷蘭人的不凡事蹟，還有對明室的忠貞而受到後人崇敬。

清朝皇室初期刻意冷淡他，但在第二波全球化衝擊時，才追封他為「延平郡王」，來提昇中國人志氣。歐洲洋人稱他「國姓爺」，日本人說他是「開山國王」，還將「延平郡王祠」改為「台南開山神社」。

鄭成功的士兵紀律嚴明，所到之處皆深得民心。還有他文武雙全，十五歲就取得秀才資格，二十二歲就率兵遠征各地，敢於冒險與務實，並且善長商業貿易。所以當全球化興起時，他掌握台灣地理優勢，創造了台灣島上第一個華人王國。

二○○七年初春的一個早上，我們一行人在陽光的簇擁下來到延平郡王祠。幾年前台南市政府拆除四周圍牆後，延平郡王祠的視野一下子寬闊了起來，也多了一分親近感，與過去被鎖在圍牆內的孤寂感，景象完全不同，這也讓我們心情格外舒暢，加快腳步入內參觀。

我們此行主要目的是想看沈葆楨書寫鄭成功的對聯，這幅在我心中認為的「台灣第一聯」，其實已看過不少次。但不知道是因為有一段時間沒來，還是沒注意到，竟然一時找不到對聯，只好尋求志工協助。

年輕的女志工很熱心指引，卻不太能認同台灣第一聯的說法，她拉高語氣說：這不是「台灣第一聯」，而是「天下第一聯」，現場輕鬆氣氛也為之一肅，大家不約而同浮出問號：古往今來，有名對聯多不勝數，各有千秋，難分軒輊，要說沈葆楨對聯是「天下第一聯」，恐怕很多人不會同意，然而眼前這位年輕女志工一臉堅定，帶著驕傲語氣再次強調就是「天下第一聯」沒錯。她每經一次向遊客導覽延平郡王祠以及解說鄭成功生平，就多累積一次體認及接收來自鄭成功故事背後隱含的生命能量，時間一久，意識逐漸化為認知，認知變成自信，於是在別人眼中是「台灣第一聯」，在她心裡卻是「天下第一聯」。

「台灣第一聯」也好，「天下第一聯」也罷，都是來自於接觸鄭成功後產生不同層面的認知，我和年輕女志工不同的是，雖然我很自信對鄭成功的了解比她多，她卻比我有更多機會接近鄭成功，使得她接收意識能量也相對比我強，這好比是磁場感應理論，正負極彼此會相吸，愈接近、磁力愈強。這起意外插曲也指出實地親身體會是挖掘台灣歷史生命能量的重要性。

台灣第一聯　鄭成功從明末遺臣成忠烈之士

在第一章我大篇幅闡述海洋世界來臨，點燃了台灣大地能量，來到這塊大地上的人們只要用心就會感受，並從中獲得啟發，扭轉個人生命與台灣走向。這股能量雖然分布在台灣各地，但主要的能量點都與地理環境有關，只要能予以善用，就會產生力量。因此，如果說扭轉台灣運命起於顏思齊，發揚光大的則是鄭成功，沈葆楨則是最早認知此一能量移轉的人。

一八七四年，因為牡丹社事件，同治皇帝任命沈葆楨（一八二〇－一八七九）為欽差大臣，到台灣考察並進行軍事防務部署。沈葆楨前後兩次來台灣，做了不少建設，後人對他印象最深刻的是上奏為鄭成功追諡、建祠，以及他題鄭成功的一副楹聯。前者即是延平郡王祠的由來，後者是在所有讚美鄭成功的詩詞中，就屬沈葆楨最為著名，台灣幾乎無人不知。沈葆楨的對聯這樣寫著：

開萬古得未曾有之奇　洪荒留此山川　作遺民世界

極一生無可如何之遇　缺憾還諸天地　是性格完人

對聯大意是指鄭成功趕走荷蘭人，開啟閩粵華人有規模移民台灣，導致日後清朝將台灣納入版圖，台灣從蠻荒之島蛻變為美麗之島，鄭成功居功厥偉。不過，沈葆楨一方面認為鄭成功拒絕臣服清朝，到台灣另啟新天地，作遺民世界；另一方面又認為他開創台灣新格局是一代完人。「遺民」一詞反映了沈葆楨並不太認同鄭成功的反清復明；「完人」則是絕對肯定鄭成功的人品及其行為。這兩組不太相稱的字眼，沈葆楨卻把它們放在一起論斷鄭成功，就不由得令人好奇沈葆楨究竟要傳達什麼樣的意涵？

沈葆楨是清朝重臣，基於政治忠誠，可以理解他不能過於肯定鄭成功在台灣的抗清行為，就像他接受宜蘭進士楊士芳（一八二六—一九一九）等人的陳情，向北京上奏為鄭成功追謚、建祠，具有籠絡台灣人民的政治用意一樣。一六六二年鄭成功因病去世，一六八三年台灣納入大清帝國版圖後，台灣民眾私下建開山王廟祭祀鄭成功，清朝當局則是要過了二百十三年，才改變對鄭成功的負面評價，一八七五年元月剛登基的光緒皇帝下旨為鄭成功建祠，並以「有功台郡」追謚「忠節」，兩個月後，沈葆楨第二次來台，拆除舊開山王廟於原址擴建為延平郡王祠，鄭成功的歷史地位總算獲得官方肯定。

鄭成功從明末遺臣變為忠烈之士，主要來自於清廷終於體認台灣對保衛大清帝國具有重要的戰略位置。沈葆楨是掌管全國海防軍務，是晚清成立現代海軍的創建人之一，尊崇鄭成功，既可

沈葆楨第二次來台，拆除舊開山王廟於原址擴建為延平郡王祠。

拉攏人心，也能讓北京更加重視開發台灣，實屬一舉兩得。然而台灣地位重要，論其源頭正是十五世紀末東西方交通大開，帶動新興海上貿易，進而改變世界面貌。

海外拓展 鄭芝龍一手建立海上王國

十六世紀中葉起，以漳州、泉州為主的福建沿海居民便是受此大環境誘因，離鄉背井移民海外以及貿易通商，雖然他們不像西班牙、葡萄牙、荷蘭人，不管是從事海上掠奪還是貿易經商，背後都有國家力量的支持，拓展國家版圖的同時，也追求個人最大利益，但這群遍布東南亞的華人新移民，卻實質掌握了北從日本、南至中南半島沿岸以及菲律賓、印尼一帶，在當時稱為東洋、西洋、南洋的海上貿易。

他們與葡萄牙、西班牙、荷蘭人形成很特殊的合夥關係，儘管葡、西、荷人掌有政治與軍事上的絕對優勢，但舉凡日常生活所需，以及貿易物品，全都要靠閩南人，才能順利在這片廣達數百萬平方公里的海面上賺取龐大的商業利潤。也就是說，沒有閩南人，這些西方國家就沒有生意可做。

鄭芝龍就是其中最典型的例子。一六一〇年前後，十六歲左右的鄭芝龍隻身前往葡萄牙在遠東最重要的貿易根據地——澳門，投靠舅舅開始學做生意起，到一六四〇年代，不到三十年間，就建立起一隻擁有十多萬人的武裝力量與數百艘船隊，控制了北至日本、南抵東南亞的海上貿易通道，在這片海域的商船，都要繳納一筆「保護費」，插上鄭芝龍核發的旗幟才能安全航行無阻。

鄭芝龍由一個海盜兼貿易商底下的辦事員開始發跡，經歷了無數次的大風大浪，他曾被明朝軍隊追捕，也曾被荷蘭人偷襲，船隊損傷慘重，更遭荷蘭人與其他海盜聯手攻擊，但靠著他過人的謀略以及勇於冒險的精神，最後一手建立了海上王國，荷蘭人實際上是靠著他做起日本、中國、東南亞到歐洲之間的貿易。

一六四六年鄭芝龍投降清朝後，鄭成功花了幾年的時間繼承他父親的海上王國後，才能以一己之力對抗大清帝國，以及荷蘭人的威脅。清朝最初想以軍事武力打敗鄭成功，未能得逞後改採封鎖戰略，將浙、閩、粵沿海一帶居民盡數遷移，藉由斷絕鄭成功的補給，逼迫就範，然而這項海禁政策並沒有多大效果，鄭成功靠著山、海五商的貿易網路，生意反而愈做愈大，即使在軍事上具有相當優勢的荷蘭人也必須要靠鄭成功才能與中國、日本進行貿易。

當時荷蘭政府的東印度聯合公司遠東總部設在巴達維亞（印尼雅加達），其下設有許多貿易據點，但獲利最多的是大員，也就是台灣。它是荷蘭人亞洲貿易的轉運中心，巴達維亞的官員以「金雞母」形容台灣在對荷蘭海外貿易的重要地位，荷蘭利用台灣的地理位置，建立起日本、明朝、東南亞以及歐洲間的貿易航線，為了讓這條航線暢通無阻，荷蘭在鄭芝龍時期也曾想以軍事武力打敗鄭芝龍，未能成功，還是得與鄭芝龍合作，鄭成功勢力興起後，荷蘭人除了繼續維持原有的合作關係外，也密切注意鄭成功是否會奪取台灣。

鄭成功出兵打荷蘭是一六六一年，但早在一六五二年台灣爆發郭懷一率眾反抗荷蘭人事件時，大員當局就懷疑背後可能是鄭成功唆使，製造動亂，趁機奪取台灣。鄭、荷關係一度緊張到荷蘭人有意與清朝合作，共同對鄭成功發動軍事攻擊，但因為貿易上需要鄭成功配合的現實因素，最後還是選擇與鄭成功維持友好關係。一六五七年荷蘭派駐大員行政長官揆一指派通事何斌到廈門向鄭成功示好，揆一希望藉由主動表達善意，換取雙方進一步維持貿易合作夥伴，沒想到做為鄭、荷之間親善外交特使的何斌，卻陣前倒戈，成為鄭成功在台灣貿易代理人，並兼任間諜特派員，鄭成功就是因為他提供了鹿耳門航道圖，決定攻打台灣，建立第一個以閩南人為主體的華人政權，不再假手荷蘭，以台灣為中心串連東洋、南洋貿易網路，鄭成功死後，他的兒子鄭經繼位。鄭經統治二十年期間，國政大事由陳永華全權處理，有計劃開展各項建設，舉凡土地開墾、設教興學、典章制度到海外貿易，台灣實質上已具有國家雛型，因而有些史家以「東寧王朝」稱呼，以「台灣王」（King of Taiwan）稱呼鄭經。

這是華人向海外拓展以來，第一次出現的特殊景象。在這之前，宋、元、明朝的國家政策漠視海洋，不鼓勵人民往海洋發展，可是政府很大一部份財政收入卻來自海外貿易利潤。海洋世界來臨後，儘管閩南人實質掌握了東洋、南洋貿易，但因缺乏國家的支持及保護，無法像西方海權國家建立起一個又一個殖民地，也沒有能力抵抗葡、西、荷人的軍事鎮壓行動。整整十六至十七世紀，不時傳出馬尼拉等地大規模屠殺華人事件，被殺死的閩南人數最多高達二萬五千人，可是因為利字當頭，以及追求新生活的趨使下，閩南人還是接二連三往外移民、經商，直到鄭芝龍勢力興起後，有了私人軍事武裝部隊的後盾，情勢才稍微改觀。然而鄭芝龍因為選擇回歸大陸，亦即先後接受明朝與清朝的招撫，成為福建沿海一帶的實質統治者，而沒有進一步再向海洋拓展，

鄭成功繼承父親的海上王國後，靠著山、海五商的貿易網路，生意愈做愈大，即使荷蘭人也必須靠他與中國、日本進行貿易。

以致錯失了連結台灣能量的機會，也因此導致他在歷史上的負面評價。

鄭芝龍降清的致命錯誤　牽動台灣命運的改變

對鄭芝龍而言，他最關切的是如何維持鄭氏家族的商業利益，這個讓他花費無數心血，數度幾乎毀於一旦的武裝部隊與海上貿易王國，是以福建廈門與南安為根據地，掌握這兩地的控制權成為第一要務。因此，不管是一六二七年接受明朝的招撫、一六四五年扶植唐王朱聿鍵在福州成立隆武政權，一年後又棄明降清，政治上的選邊站是為了保住鄭氏家族商業利益，這也是過去中國歷代朝廷最常用的手法，藉由封侯賜爵，或是給予經濟特許權，換取政治效忠，解決內患問題。然而一六四六年底，鄭芝龍決定投降清朝，犯了一個致命錯誤，對鄭氏家族造成關鍵性的影響，也牽動了台灣命運的改變。

大清順治皇帝以授予閩、浙、粵三省爵位的優渥條件換取鄭芝龍的政治效忠，但在具體細節還未談妥之前，鄭芝龍接受了征南大將軍博洛貝勒的邀請，離開廈門到福州。這位順治皇帝任命征討南方的主帥，眼見調虎離山之計成功了一半，於是順勢提出要求，以他回北京之便，一起面見皇帝為由，邀請鄭芝龍同行，鄭芝龍雖察覺事態不妙，卻進退維谷，為時已晚，只好無奈點頭答應。大隊人馬一離開福建省邊界後，博洛貝勒一聲令下，本來是座上賓的鄭芝龍瞬間成為階下囚，被關在牢車裡，抵達北京後隨即遭到軟禁。

另一方面，清朝軍隊在鄭芝龍被捕的同時展開軍事突襲，攻擊鄭芝龍勢力的大本營——南安，大肆劫掠財物，據傳鄭成功的母親田川氏便是在這次軍事突襲中遭清軍凌辱而自殺，鄭成功接獲消息後，悲憤莫名的他帶著三百人，自封「招討大將軍」抗清。恰好一六四七年初，明神宗萬曆皇帝的孫子桂王朱由榔，在廣東肇慶稱帝，年號永曆，號召有志之士共同對抗清朝，鄭成功遂奉永曆為正朔，一直到一六八三年，施琅攻下台灣，鄭克塽降清為止，長達三十六年間的軍事對峙，鄭氏王朝始終都維持永曆年號。

鄭成功遺傳了父親冒險與務實的個性，不到七年時間，於一六五〇年代後，他不但重振鄭氏海上王國，勢力比鄭芝龍時期更為強大。

史家將崇禎十七年三月十九日（一六四四年四月二十五日）明思宗在紫禁城外煤山上自縊之日，作為明朝滅亡、清朝興起的斷代史分野，而把一六四四年中到一六六二年五月，明朝遺臣先後在江蘇、浙江、福建與廣東成立四個對抗清朝的政權，即分別為福王朱由崧的「弘光政權」（一六四四年五月—一六四五年五月）、唐王朱聿鍵的「隆武政權」（一六四五年六月—一六四六年八月）、魯王朱以海的「魯王監國」政權（一六四六年六月—一六四七年六月），以及桂王朱由榔的「永曆政權」（一六四六年十一月—一六六二年四月），稱為「南明政權」。其中一六四七年十一月，唐王的弟弟朱聿𨮁在廣州成立「紹武政權」，但因只存在四十一天便被清軍消滅，對政局並無任何影響，通常並沒有人會注意到此一短命政權。

這四個南明政權的共同特性，一是政權全都要靠地方勢力支持，福王、魯王是江浙人士支持；唐王是以福建鄭芝龍家族為主；桂王則是兩廣人士擁戴。政權內部經常權力傾軋，不同派系彼此排擠；二是南明四王都不是英明君主，有的荒淫、有的懦弱、有的只知內鬥，抗清的政治號召力及實力，因而大打折扣，只要地方勢力變節，或是清軍全力展開軍事攻擊，政權隨即覆亡。換言之，四個南明政權，不過苟延殘喘明朝法統而已，真正具有抗清實力是鄭成功及其兒子鄭經，但弔詭的是，鄭成功三代治理台灣二十二年（一六六一年—一六八三年）期間的歷史定位卻很曖昧不清。

台灣「遺民世界」的出發點與典範

從鄭成功起，祖孫三代都奉永曆為正朔，在台灣發行的貨幣叫「永曆錢」，然而一六六二年四月，永曆帝在雲南被吳三桂用弓弦絞死，為大陸本土的南明政權劃上終止符，兩年後，從廈門回到台灣的鄭經，將本來稱為「東都」的台灣改名為「東寧」，以東寧王自居，鄭經政權，雖繼續以永曆為年號，實質上與南明政權一切為二，獨立行使權力。東寧是鄭經治理台灣的別稱，但一般大都把鄭成功在台一年兩個月的時間也列入東寧王朝內，並不只是因為血緣與法統的繼承關係，而是指鄭成功為東寧王朝的奠基者。

從鄭成功起，祖孫三代都奉永曆為正朔，在台灣發行的貨幣叫「永曆錢」。

事實上，依據文獻記載，鄭經並非鄭成功中意的接班人選。一六六二年初，鄭經與弟弟的乳母陳氏私通產下一子，謊報是元配董氏所生的消息傳回台灣，鄭成功非常生氣指派親信黃廷到廈門殺鄭經，黃廷不忍動手，只殺了陳氏母子，鄭成功還是堅持一定要殺鄭經，再派親信董昱等人，拿著鄭成功佩劍到廈門，鄭經得知消息後，嚇得躲起來，沒想到過沒多久，鄭成功就病死了。鄭成功從發病到死亡，不過短短八天，史家多半認為鄭經的荒誕行為，與親信沒有聽從命令殺死鄭經，對鄭成功的精神打擊很大，加速病情惡化。因此，可以想像如果鄭成功沒有突然病故，鄭經不會成為他的接班人，然而歷史就如同命運，總是有許多令人不解的異象，或是冥冥之中註定的巧合，卻往往是構成歷史的核心要素，從而改變了歷史的方向。鄭成功治軍非常嚴厲，不容許違反軍令，即使小錯也予以處死，但他派到廈門的親信卻違反了軍令，讓鄭經逃過一劫，間接促成他的病亡。鄭經繼位後，反而發揚鄭成功堅持用自己的方式對抗清朝的精神，這正是東寧王朝追溯到鄭成功的背景。

再舉清、鄭和談例子，也可以看出鄭成功是東寧王朝的奠基者。清、鄭長達三十六年軍事對峙時期，雙方總共進行十六次和談，其中的六次和談是在鄭成功時期，但鄭成功從來沒有一次獲得永曆帝的同意，甚至連形式上的報備都沒有，就與清世祖順治皇帝的使節進行和談。所謂「和談」，實際上是談臣服清朝的條件，依照中國傳統的人臣忠貞不二、至死不渝的政治思維來看，鄭成功的行為屬於「通敵」，是絕對不容許的不忠行為，是唯一死罪，並且抄家滅族。這種例子在過去中國歷史不勝枚舉。遠的不說，明末抗清有功的袁崇煥被明思宗崇禎皇帝下令凌遲處死，也就是把肉一塊一塊割下來時，圍觀的北京民眾爭相搶肉煮食，以為洩恨，罪名就是「通敵」。然而，事實上崇禎皇帝是中了清太宗皇太極的反間計，以致袁崇煥含冤而死。沒有「通敵」的袁崇煥尚且如此，何況鄭成功的「通敵」罪證確鑿？

鄭成功與清朝進行和談，在當時引起很大的非議。因為和談的關係，鄭成功技術性拖延桂王朱由榔對清朝展開聯合軍事攻擊行動，導致挫敗結局。還有一次他雖派兵支援桂王的將領，實際上是藉軍事出兵為名沿途徵收糧食；或者有一次他很熱情招待清朝使節，滿文文獻資料記載，鄭成功特別出城十里親自迎接清方的和談代表，這些都是大逆不道的行為，永曆政權也因為缺乏鄭成功的實質奧援，幾次軍事行動都以失敗坐收。因此，當時就有人批評他無心反清復明，只在意鞏固福建地區的利益，尤其是浙江人士的指責最為嚴厲，甚至說魯王朱以海是被鄭成功殺死的。

由浙江人支持的魯王朱以海，政權不到一年就垮了，一六四七年中，朱以海倉皇自舟山出海，四處流亡數年才投靠鄭成功。鄭成功安排他住在金門，仍舊維持「監國」封號。「監國」，顧名思義是監督國政，但朱以海卻沒有任何監督國政的餘地，一年多後，鬱鬱不得志的朱以海最後自己廢除監國封號，表達無言的不滿，鄭成功也裝做看不懂，朱以海乾脆離開金門，坐船準備到南澳定居，未料死在半途，當時就傳出是鄭成功派人弄沈朱以海的座船。

朱以海並不是死於鄭成功之手，但卻有這樣的耳語傳出，至少說明當時不少人質疑鄭成功的抗清意志，就像他後來決定渡海東進取台灣時，也遭到質疑他放棄反清，偏安海島，而這一點在一六六一年至一六六二年間格外明顯。當時鄭成功的軍事力量雖因一六五九年北伐南京的慘敗，折損相當多，但武裝部隊至少還有四萬人，他帶了二萬五千人攻台，剩餘的部署在金、廈二島，並沒有很重視桂王朱由榔的援助請求，以化解永曆政權飽受清朝大軍壓境的壓力。一六六二年初，荷蘭投降，鄭成功有了台灣新根據地，永曆政權更是岌岌可危，鄭成功也沒有班師返回大陸本土勤王的意思，反而在台灣頒佈屯墾令，指示軍隊分赴台灣各地開墾，沒多久，永曆政權就垮了，朱由榔被吳三桂押到雲南處死，大約一個月後，鄭成功也病死了。

從私自「通敵」謀和、魯王朱以海自廢監國封號，以及沒有班師救援桂王朱由榔等一連串事件，鄭成功的作為，顯然與傳統中國的政治思維大有不同。因此，直到光緒皇帝追謚鄭成功之前，明末到清朝的官方與民間對鄭成功的評價是毀遠多於譽。即使到了清末，官方調整對鄭成功的評價，動機也是出於激勵民族情緒抵抗西方列強入侵，著重的是鄭成功驅逐荷蘭人，開闢台灣事蹟，而非對鄭成功本人的肯定。只有很少數人跳脫僵化政治思維評斷鄭成功，其中以清代中葉學者李天根的評語最具啟發性，他綜合整理各種南明文獻史料後，總結鄭成功十六年的抗清歷史，下了一句結論：「其心未必盡忠于明，然始終不失臣節」。把這句評語拿來與沈葆楨對聯相對照，便可以隱約體會出其中含意，原來鄭成功的形式上維持臣節，是為了走出屬於自己的一條路，而促成鄭成功走自己路的能量來源，正是來自台灣，台灣是他開創「遺民世界」的出發點，也是建立「遺民世界」的典範。

誓言效忠明朝　重振鄭氏海上王國

大明與大和民族混血兒的鄭成功，幼年與母親生活在日本長崎附近的平戶島，七歲回到福建南安後，鄭芝龍有意栽培他成為接班人，學文習武，成年後特別送他到南京拜名儒錢謙益門下，並進入相當於現在大學的國子監讀書，錢謙益認為鄭成功是個人才，對這位本名鄭森的門生，取字「大木」，期望他將來成為國家棟樑。

然而鄭成功於南京就學期間，正是崇禎皇帝自殺，明朝覆亡後，第一個南明政權福王朱由崧，於南京成立弘光政權鄭成功二十歲的前後。親眼看到朱由崧淫亂無度，每天醉生夢死，無心

促成鄭成功走出屬於自己的一條路的能量來源，正是台灣，台灣是他開創「遺民世界」的出發點，也是建立「遺民世界」的典範。

抗清，主持朝政的地方派閥與知識分子，相互排擠，爭權奪利，讓他深為痛心。回到福建，父親鄭芝龍支持的唐王朱聿鍵，對鄭成功寵愛有加，賜姓朱，名成功，還特准享有駙馬的待遇，掌管禁衛軍保護朱聿鍵。這也是今天稱呼鄭成功為「國姓爺」的由來。鄭成功很感激唐王對他的信任，誓言報效朝廷，盡人臣忠節，當他父親放棄唐王，改效忠於清朝，他很不能諒解，拒絕與父親到福州見博洛貝勒，還說如果父親硬要去而遇上不測，做兒子的只有披麻帶孝為他辦理後事。

鄭成功雖深受傳統中國忠臣節烈文化影響，不能認同父親降清的決定，要盡明臣之責，但現實上，身為鄭家長子，他也有維持鄭家海上貿易王國的責任，這也是支持抗清的主要基礎。沒有軍隊就無法確保海上霸權，沒有海上貿易收入，抗清便無法長久持續，一環扣著一環，鄭成功遺傳了父親冒險與務實的個性，運用忠臣節烈的力量，打著「罪臣國姓成功勤王」的名義，取得正當性基礎，先後併吞廈門、金門以為根據地，然後一邊逐步擴增武力，另一邊則將原本鄭芝龍建立的海上貿易網路重新予以組織化和系統化。

不到七年時間，於一六五〇年代後，他不但重振鄭氏海上王國，勢力比鄭芝龍時期更為強大，擁有數千艘大小不同船隊，其中每年至少有四十艘以上的船隻專門從事海上貿易，一年獲利超過二百萬銀兩，從日本至東南亞的海上貿易通道幾乎都掌握在他的手裡。當時一位神父李科羅如此說著：「他們從來沒有在中華海域見過比國姓爺還要強大的海軍陣容，超過三千艘船艦，匯聚停滿廈門各個港灣，聲勢驚人，而這還不包括他分散到鄰近海域的其他艦隊」（文引自陳錦昌：「鄭成功的台灣時代」，向日葵文化出版社）。荷蘭人稱鄭成功為「遠東的阿提拉」，也就是拿鄭成功與中世紀橫掃歐洲，令歐洲各國聞風喪膽的匈奴王相比，由此可知鄭成功海上勢力之強大。

就這一點而言，鄭成功很像鄭芝龍的作風，海上才是鄭家的根本、務實是優先原則。例如在與清朝和談時，鄭成功收下了順治皇帝的詔書，但沒有打開詔書宣讀內容。清朝的認知是鄭成功已同意投降，鄭成功的解讀則是他並沒有同意投降。為此，順治皇帝認為鄭成功耍詐，氣得不想再談，準備直接用軍事武力征服。雙方的解讀不同，除了是各有各的策略之外，也反映了

大明與大和民族混血兒的鄭成功，幼年與母親生活在日本長崎，七歲回到福建南安後，鄭芝龍有意栽培他成為接班人，學文習武。

北方與南方政治觀點、大陸與海洋思維的差異。北方大陸型的政治意識強調絕對忠貞、國家在個人之上；南方海洋型也強調政治忠誠度，但並不全然限制個人空間。鄭成功因而用不同的方式來詮釋「忠」。

鄭芝龍赤手空拳建立海上王國，進而帶動整個福建地區的經濟成長，造就了閩南人往外拓展的歷史新頁時，政府並沒有扮演幫助的角色，相反的，對閩南人來說，鄭芝龍就是政府。當時閩南地區流傳著，只要家裡有人投靠鄭芝龍，全家的生命財產安全就獲得保障；一個鄉里，如果有一個家族加入鄭家軍，全鄉便可高枕無憂。至於海外地區，本來海盜四起的福建、台灣到東南亞海域，經過鄭芝龍剿編，一六四〇年代後開始變得安全與穩定，閩南人可以放心來往於海上從事漁獲、交易等生計與經濟行為，當時在台灣的荷蘭東印度聯合公司，也是靠著鄭芝龍的幫助，招徠閩南移民到台灣開墾，進一步提高台灣的經濟生產力，也因為如此，開啟了台灣從南島人的原始社會邁入漢人社會的里程碑，也是開啟台灣進一步轉化為東亞航線貿易中心的分水嶺。

這是探討鄭成功抗清不能忽視的背景。如果說鄭成功與清朝進行和談是戰略手段運用，爭取時間重整並強化父親遺留的海上王國，同樣的打出反清復明民族主義訴求也是一種策略運用，爭取更多追隨者，擴張勢力，取得正當性，並且也回應了來自內部抗清主張的壓力。鄭成功就是靠著靈活手腕，從原來只有三百人的基礎，數年之間壯大成為十多萬人的武裝部隊，以及超過數千

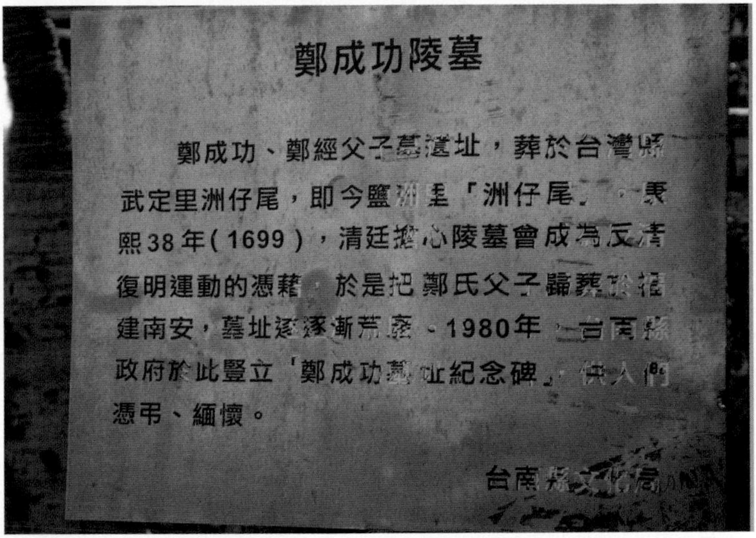
鄭成功陵墓
鄭成功、鄭經父子墓遺址，葬於台灣縣
武定里洲仔尾，即今鹽洲里「洲仔尾」。康
熙38年(1699)，清廷擔心陵墓會成為反清
復明運動的憑藉，於是把鄭氏父子歸葬於福
建南安，墓址遂逐漸荒廢。1980年，台南縣
政府於此豎立「鄭成功墓址紀念碑」，供人們
憑弔、緬懷。
台南縣文化局

一六六二年鄭成功因病去世，一六八三年台灣納入大清帝國版圖後，台灣民眾私下建開山王廟祭祀鄭成功，清朝當局則是要過了二百十三年，才改變對鄭成功的負面評價。

艘的船隊。這一切都要拜鄭成功並沒有墨守成規的遵照傳統北方大陸型知識分子的價值觀，例如一方面他敢於清朝進行和談、盛裝親自迎接順治皇帝派來的和談特使；另一方面他無時無刻都在宣示反清復明，但在關鍵時刻，又保留實力，沒有全力配合。這些行為都與傳統北方大陸型知識分子大異其趣，只有從南方海洋角度來看，才比較能理解鄭成功戰略運用背後的思維，其實也已透露出他有意創造屬於自己世界的蛛絲馬跡了。

以台灣為跳板　重新改寫華人歷史

事實上，沒有鄭成功這段期間的經營，就沒有日後的鄭氏東寧王朝。這點可從清朝與鄭成功、鄭經父子和談條件反映出來。

如前所述，清鄭之間共舉行十六次和談，其中六次在鄭成功時期，而造成和談破裂最主要原因是雙方對「剃髮」議題上無法取得共識。鄭成功可以答應俯首稱臣改奉清朝年號，成為清朝屬地，但他始終不肯接受剃髮，他抗拒的理由比照韓國不剃髮先例。同樣的，清朝可以增加鄭成功管轄統治領域範圍，給予更大的行政自主權，前提條件是堅持一定要剃髮，認為韓國模式並不適用於同文同種的華人，康熙皇帝還一度下令除非鄭成功先答應剃髮，否則和談免議。雙方在剃髮議題各持己見，互不相讓，和談時而談時而停，拖了八年沒有具體進展，最後不了了之。

一六六二年鄭經繼承統治權，到一六八二年去世止，期間雙方進行十一次和談。這段期間鄭氏王朝因為有台灣巨額貿易獲利的支撐，不但很快彌補了一六五九年鄭成功在位最大一次抗清軍事行動挫敗的損失，而且還有充裕能力提供鄭經與吳三桂、耿精忠、尚可喜三藩結盟共同展開抗清聯合軍事行動。這段期間便是清初的重大事件，亦即「三藩之亂」，時間約從一六七三至一六八〇年，其中一六七五—一六七七年的三年間鄭經投入所有資源於抗清行動，這段期間是東寧王朝國力最高峰時期，但因為連年軍事行動耗費過鉅、行動又以挫敗收局，金門與廈門兩個根據地先後失守，鄭經自大陸轉進台灣後，國力為之大傷，一六八〇年起開始走下坡，然而一六七〇年末至一六八〇年代初，清朝與鄭經幾次談判，開出的條件反而比鄭成功優渥許多：只要鄭經願意稱臣，是否到北京晉見康熙皇帝由鄭經自己決定、在台灣的漢人可以不用剃髮，也不用穿著滿服，鄭經在台灣享有高度自治與自主權。眼看和談成局在望，鄭經要求劃設海澄市做為清、鄭自由貿易區，但當時閩浙總督姚啟聖不接受，最後功虧一簣。

鄭經大部份時間並不住在台灣，政務全交由陳永華統籌經略，台灣有了完全不同面貌，漢人從鄭成功時的四萬人左右，在二十年間快速成長五倍，據估計約在二十至二十五萬人，不管是開墾務農、士卒小販，還是從軍、經商，台灣地理位置潛藏的能量一下子爆發開來，鄭經知道沒有台灣，東寧王朝就沒有未來。因此，他提出福建海澄劃為類似今天的自由貿易區做為和談條件，是為了繼續掌握台灣海上貿易通道自由暢通。海澄是中國商品與貨物輸往海外的窗口，有了海澄自由貿易區，相當於荷蘭人以長崎平戶島經營日本生意、葡萄牙人以澳門打開中國市場，鄭經的東寧王朝實質上已獨立於清朝之外，只保持臣屬的形式。這樣的模式，由他的祖父鄭芝龍開啟先端，父親鄭成功進一步實現，而其背後最大能量來源正是來自台灣。

鄭芝龍接收顏思齊勢力，從台灣開始建立起海上王國。鄭芝龍、鄭成功父子兩人感情很好，他也很清楚父親的整個創業過程，兩人也都體認到海洋是鄭家的生命、台灣是鄭家的發跡地之一。然而本來有大好機會，以台灣做為跳板，開創出規模更大海上王國的鄭芝龍，重新改寫華人歷史，卻因過於投注福建及鄭家利益而與此一歷史機緣擦身而過，也由於眼光只放在經營福建，鄭芝龍從大海回到陸地，就像魚離開水面，勢必要與大陸型政權的明朝、清朝維持良好的政治關係，結果造成他日後歷史地位的逆轉。

傳說是東海鯨魚化身的鄭成功，身上似乎比鄭芝龍流著更多的海洋血液，做為鄭家長子，維繫父親一手創建海上王國，他責無旁貸；受到傳統儒家忠君教育影響，他無法逃避報效朝廷，抵抗外侮的責任，然而做為明朝遺臣的他卻看不到任何中興氣象，可是心理又得顧及鄭芝龍與弟弟等人在北京的生命安危下，鄭成功背負太多的責任與壓力。這些責任彼此之間還有衝突，並且無論步其父親鄭芝龍選擇政治妥協的後塵，或是走上傳統忠臣之士的民族氣節與軍事武力之路，他隱然了解最後可能都行不通，死路一條，最後只有找出屬於自己的一條路。

和談失敗　東進台灣

十六世紀末起閩南人經略海上的經驗，提供了鄭成功另一種選擇，也就是將眼光從大陸本土轉向廣袤無際的海洋，台灣成為他最好的目標。一方面，她與大陸本土有點遠又不太遠，比起印尼、菲律賓等南洋地方，台灣有進可攻、退可守的有利戰略位置；另一方面，台灣是閩南新開發的移民地，腹地夠大，潛力無窮，比起金、廈彈丸之地，台灣有自給自足的條件，雖然他的父親

鄭芝龍赤手空拳建立海上王國帶動整個福建地區的經濟成長，造就了閩南人往外拓展的歷史新頁時，對閩南人來說，鄭芝龍就是政府。

鄭芝龍待在台灣的時間不長，卻成為日後開創鄭氏家族王國的重要基礎之一，鄭芝龍已經失去一次機會，鄭成功不能再錯失第二次的機會，他決定要冒險一試。

因此，對於鄭成功未隨鄭芝龍一起前往北京，反而急速回到南安老家的決定，日後就有人揣測這是鄭氏父子兩人計謀，清朝只得到鄭家首領鄭芝龍效忠，鄭成功接收鄭家勢力，兩人一在北、一在南形成犄角之勢。無論此一評語是否合乎事實，至少沒有人能知道鄭芝龍離開福州前，他們父子兩人最後一次面對面談話的確切內容，現在史料所載鄭成功那一番忠臣大義凜然的談話記錄是後人追加上去，反而透露出鄭成功想走自己路的反面線索。

一六五九年攻打南京軍事行動的慘敗是促成鄭成功進兵台灣的最後決定因素，然而從各種跡象顯示，鄭成功很早就想要轉進台灣。前述的一六五二年郭懷一反抗荷蘭事件即是一項佐證。在北伐南京軍事行動開始之前，閩、台之間便不斷傳出鄭成功出兵台灣的說法，讓荷蘭人很緊張，最後一任的大員長官揆一數度向巴達維亞請求加派援兵，以防備鄭成功對台展開軍事攻擊，還透過閩南商人探詢「請問國姓爺，你會打台灣嗎？」可見鄭成功很早就有奪取台灣的想法，後來密獻鹿耳門航道，引導鄭成功大軍順利登陸台灣的何斌，傳說就是顏思齊的部屬。

鄭成功對台灣的了解，比史料上記載還要豐富，否則難以想像他如何能建立起比鄭芝龍時代還要龐大的海上王國。但是鄭成功並未輕易吐露心中的想法，並不是基於兵不厭詐的軍事策略運用，最主要原因是來自內部的反對壓力，他們認為轉進台灣意味著承認反清失敗，而偏安於海島，這也是政治不忠的具體表徵，即使當南京軍事行動失敗，鄭成功軍力折損近三分之二，退守金、廈，情勢一度岌岌可危時，鄭成功這時認為時機成熟而提出攻打台灣的想法，但還是有很多人反對，最後鄭成功力排眾議，堅持出兵下才定案，可見這股傳統政治思維勢力之大。其後，鄭成功順利拿下台灣，藉著西班牙屠殺馬尼拉華人事件，提出南進菲律賓軍事行動方案，這次反對的聲浪更大，內部軍事會議正反意見各持己見，鄭成功協調無力暫時擱置。這一次他沒有堅持，但再也沒有機會討論了，沒多久他就因病而死。

鄭成功十六年的抗清歷程，屢遭外界質疑他的抗清立場，他曾感慨對部屬吐露，沒有人真正了解他的心理。一六四六年底，清朝趁著鄭芝龍投降，被押到北京的空檔，大舉進兵突襲鄭氏老家安平，大肆劫掠鄭氏家產財物，鄭成功母親田川氏受辱自盡，國破家亡讓鄭成功決定抗清時，鄭成功做了一件很特殊的動作，他帶著儒服到孔子廟，當著至聖先師牌位，一把火燒了儒服後說：「昔為儒子，今為孤臣，向背去留，各行其是，謹謝儒服，惟先師昭鑒」，便頭也不回揚長而去。然而史上棄文從武或是投筆從戎，鄭成功不是第一人，但以慎重儀式，燒了衣服，鄭重向孔子告別，卻是少見創舉，當他說「向背去留、各行其是」，彷彿為日後決定走出另外一條路而埋下伏筆。

當台灣快速崛起東西海上貿易航線，鄭成功也從中獲得相當可觀的商業利益，實際參與此一新時代來臨，也看到閩南人新一波移民重心從東南亞轉移到台灣，更加帶動整個福建地區經濟蓬勃發展，不想步上鄭芝龍悲劇後塵的鄭成功，運用反清復明的號召成為他重新集結流散四處的鄭氏部隊，以及爭取知識分子支持的必要手段，實際上他的重心是放在海上經貿，大陸幅員再廣也比不上無邊無際的海洋，海洋提供了安全的屏障，也給予無限的商機，東進台灣遂成為他最好的選擇，但在當時的政治氣氛裡，鄭成功只能做不能說，一直到南京行動失敗後，再也顧不了內部壓力，決定往台灣前進。

鄭成功啟動台灣的生命馬達　航向歷史舞台

一六六一年四月二十二日（明永曆十五年、清順治十八年三月二十四日）鄭成功率領二萬五千人，分乘三百多艘船艦從金門料羅灣出發，次日順利抵達澎湖，但風浪過大無法啟航台灣，幾天後出現糧荒，造成軍心浮動，鄭成功決定冒險出發時，天候還是很糟，刮著大風大浪，一片陰霾，部屬力勸等風過雨停再走，鄭成功說，「天意若賦予我平定台灣，今晚開駕後，自然風平浪靜矣」，於是四月二十九日凌晨船隊啟錨出發之前，鄭成功向部隊信心喊話，並做政治宣示，再次表明他進取台灣的用意是「前者出師北征，恨尺土之未得；既而舳艫南還，恐孤島之難居。

故冒波濤，卻闖不服之區，暫寄軍旅，養晦待時，非為貪戀海外，苟延安樂」，船隊出發時，風雨仍未停，波濤洶湧，沒想到兩個多小時後，風平浪靜，雲收雨散，隔天清晨，台灣終於在望，並且趁著大潮從鹿耳門水道一路長驅直入於禾寮港登陸上岸（今台南市成功路、西門路附近），荷蘭人完全措手不及。

經過鄭、荷雙方長達近十個月的軍事對峙，一六六二年二月一日，荷蘭在台灣的行政長官揆一，彈盡糧絕後終於投降，雙方在大員稅捐處（今台南市安平區安北路、中興街路口一帶）簽訂和約。這是十六世紀以來，東、西方交會第一次正式外交和約。當時雄霸海上的荷蘭，做夢都沒想到會戰敗，而且打敗荷蘭海上雄師的不是清朝，也不完全是明朝的軍隊，而是鄭成功一手養成的軍隊，而這一切的結果來自於歷史機緣、個人意志，加上許多不可思議的巧合。

沈葆楨對台灣開發最大影響是透過廢止渡台禁令，廣招大陸內地人民來台開墾，以及行政改制、開山撫番等施政，全面拉進台灣與大陸關係，也就是將台灣內地化。

鄭成功用了自己的方法，在擺脫傳統大陸型政治意識的束縛，仍維持形式上的聯繫；在傳承了閩南人海外發展精神之餘，又賦予新的時代意義，台灣恰好是這兩股新舊的交會處，無論是地緣位置、經貿地位，還是閩南人的移民新地，台灣都符合了最佳條件。好像六百萬年前，台灣因太平洋板塊與歐亞太陸板塊擠壓，從海底浮出於太平洋之上，數百萬年來猶如一艘扁舟，靜靜依偎在大海懷抱裡，與世無爭，自立一方，默默等待一位像「鄭成功」的人來啟動她的生命馬達，航向歷史舞台，即使鄭成功已逝世了三百多年之久，但所遺留的精神始終未曾因時間而消失，讓各個不同時代的人們各自發揮。

但是我們現在對鄭成功的認識卻只侷限於政治層面的「民族英雄」，連一百多年前沈葆楨的對聯，大多數人也只是片面解讀鄭成功的「反清復明」，英雄壯志未酬身先死的忠烈精神，而忽略了真實的鄭成功，也漠視了沈葆楨所想要傳達的鄭成功意識。

台灣開放通商　指派沈葆楨來台建設

從第一波全球化發展的歷程來看，荷鄭時代的歷史始終與全球化、跨文化的背景息息相關。十七世紀在台灣生活的人們，有原住民、福建的漁民、移民、貿易商人和海盜，還有歐洲來的荷蘭人、西班牙人等，有時日本商人、冒險家也會跑出來湊熱鬧，使得台灣經濟發展蓬勃起來。最後，鄭成功使台灣首度納入中國人的統治之下。而第二波帝國主義時期的全球化，發生在十九世紀後期，經濟更是這波全球化最重要的層面，西方用武力強迫中國開放門戶，華南大量移民潮也在此時展開，滿清政府才派遣官員來台訪察。

沈葆楨（一八二〇—一八七九）是福建候官人（今福州市），對閩南人海外拓展，及鄭芝龍、鄭成功四代歷史知之甚詳。在他的時代，大清帝國門戶全開，西方列強對清朝予取予求之際，台灣卻因為開放通商，出口貿易蓬勃發展，出現難得一見的繁榮景象，與大陸內地諸省相比，台灣可說是華人唯一的人間樂土。

台灣開放通商起於一八五八年英法聯軍戰爭後，清朝與英、法、俄、美等國簽訂天律條約，總共開放十個通商港口，台灣安平便在其中。對台灣來說，天律條約的意義是打破台灣近兩百多年的封閉狀態，台灣又再一次迎向海洋。一六八四年康熙皇帝將台灣納入清朝版圖，到一八五八年天律條約的開埠止，為了防範台灣叛變，治台政策著重於管制，限制重重，包括來台官員不准攜家帶眷；部署重兵，定期輪調；有條件開放來台移民；限制台灣對外貿易，只開放與大陸本土往來，而且還多數集中在福建一帶。如果說鄭成功祖孫三代開發台灣，讓台灣同時可以面向東北（日本）、東南（南洋）、甚至更遠的東邊（歐洲），做多邊生意，唯獨因鄭、清政治與軍事對峙而沒有面向西（清朝）；清朝治台後則是把台灣的面向拉回西邊的大陸本土，剛好是一百八十度的方位轉變，台灣從海洋退縮回內陸的結果，對外貿易為之中輟，過去台灣在國際貿易航線的中繼站、轉運點的角色，一夕之間消失。

在這段長達兩百多年內縮往大陸靠齊的期間，台灣出口貨物最大宗只有稻米與糖兩項。這兩項最大宗貿易出口貨物，並不是為了賺取貿易利差，而是政策性的內銷貨物。稻米主要用來補給福建地區的缺糧，剩餘才再往北輸送到浙江缺糧地方；糖也是主要供應大陸內地市場，一部份才經由福建轉銷至日本，這與荷蘭到東寧王朝時期，台灣轉口貿易來自大陸、日本、南洋、歐洲的物品，商船、帆船、平底船，絡繹不絕於海上航線以及港埠碼頭的景象，猶如天壤之別。

然而天律條約開埠後，緊接著一八六〇年北京專約再追加開放滬尾（淡水）口岸，短短數年內，台灣從雞籠（基隆）到打狗（高雄），以貿易目的農林產及其加工製品如雨後春筍般的快速成長，茶、樟腦、糖成為三大出口物品，英、德、美等國家相繼在台灣設立領事館。同時，貿易地區也打破過去只限於大陸本土地區，而是全球各角落。用現代名詞來說，過去台灣以出口為導向的經貿形態又再度復甦，而且更有活力，這一波的經貿成長，造就了板橋林家、霧峰林家、清水蔡家等許多大地主或是著名商號，台灣從北到南展現了前所未有的朝氣。

當清朝遭西方列強入侵，國力一蹶不振、民生凋敝時，台灣成為清朝領土內最值錢的金雞母，源源不斷輸送、統治她，但又不重視她的母國，一直到一八七三年爆發牡丹社事件，日本人展現奪取台灣的企圖後，清朝才體認到台灣的重要，再不愛惜這隻金雞母，就會衝擊大清帝國命脈，於是指派沈葆楨來台整備防務與進行建設。

「鄭成功」意識 台灣生命的傳承

沈葆楨的名氣雖比不上同時期的曾國藩、李鴻章等湘、淮軍領袖，但也是洋務運動的主要推動者。這方面要歸功於他的同鄉兼老師，後來成為他的岳父林則徐（一七八五－一八五〇）。沈葆楨先是拜在林則徐門下學習「經世致用」，林則徐看他有才幹、遠見，把二女兒嫁給他。所謂「經世致用」之學，簡單說是學西方之長，以富強大清帝國，求學問道著重於實用性，不再強調宋明理學的專注於明心見性。

經世致用之學，並非林則徐所創，卻是第一位主張效法西方，建設大清，有些人讚譽林則徐是近代中國第一位眼看世界之人，只是大家多半記得他強力禁煙，引發鴉片戰爭，開啟日後西方列強入侵清朝的歷史事件，幸好他的學生兼女婿沈葆楨傳承並發揚經世致用之學，還跨過台灣海峽，運用於開發台灣。

因為福建地緣關係、船政大臣職務等因素，沈葆楨本來就比同時期的清朝官員還要了解台灣。他對台灣開發最大影響是透過廢止渡台禁令，廣招大陸內地人民來台開墾，以及行政改制、開山撫番等施政，全面拉進台灣與大陸關係，也就是將台灣內地化，例如台灣為福建省的一級行政組織，設台灣知府管轄，福建巡撫是台灣最高行政長官，但歷任福建巡撫很少來台灣，台灣知府成為實際的行政首長，在沈葆楨的堅持下，清朝規定福建巡撫每年南北季風來臨時（春汛、冬汛）必須駐台，清朝因而開始正視並且對台灣有更深入了解。一八八三年清法戰爭爆發，並波及台灣，次年劉銘傳來台督導防務，戰爭結束後，在劉銘傳建議下，一八八五年九月五日，光緒皇帝宣佈台灣建省，劉銘傳為第一任巡撫，台灣與大陸內地的政治連結又向前邁進一大步。

沈葆楨的台灣內地化政策雖然曇花一現，但他可以說是第一位清楚認識到鄭成功志向的人。鄭成功東進台灣，並不只是率領明朝遺民，自立為王，與大清對抗的狹隘政治目標，反而更有野心以台灣為基地，打造一個理想國度。這個理想國度結合了台灣與生俱來的地理機緣，以及閩南人海上貿易經驗，並與當時世界潮流接軌，一方面沒有背離大陸本土；另一方面則更大步邁向海洋。這樣的「遺民世界」所隱含的意識，其實是以台灣為中心的東亞思維，進一步將傳統的中國亞洲大陸本土思維，往東擴展到太平洋，是以往中國本土各朝代所未曾見。

鄭成功是第一人看到以台灣為中心的東亞思維佈局，並且也是第一位實際付諸行動，即使在他身上還殘餘大陸型思維，內部也有很強大的反對壓力，始終絆住他往海洋前進腳步，但身上遺傳著來自閩南人、父親鄭芝龍海上冒險的生命ＤＮＡ，最後還是戰勝，讓他敢於一試，並且比前人還有更強的企圖心。雖然天妒英才，鄭成功到台灣一年兩個月就病死，無法實現理想，但一點也沒有影響到他的地位，台灣發展的方向，因為他而確立往海洋發展的格局

儘管四百年來台灣歷經不同政權統治，閩南的、海上的、生意的，生命DNA始終流在每一位台灣人血液裡，蓄勢待發，一有機會就展現活力，並且每一次的爆發力量都比上一次強勁。同樣的，四百年來，在每一個不同政權統治時期，台灣總會出現「鄭成功」，從經濟、文化等不同面向，企圖延續、擴大、深化台灣的東亞中心思維，無論成功與否，這些前仆後繼的「鄭成功」，都擦撞出亮麗的生命火花，也都不同程度實現鄭成功的創格使命，鄭成功也成為台灣與台灣人的精神象徵。

只有從這樣的視野才能理解沈葆楨對聯的全貌，可以把「遺民世界」與「創格完人」意涵結合起來，前後呼應，而不會出現邏輯上的矛盾；也只有如此才能體會鄭成功「開萬古得未曾有之奇」與「極一生無如何之遇」的精神。如果只是以狹隘成王敗寇角度來論斷英雄，不但無法完整認識鄭成功，也忽略了鄭成功意識背後對台灣及台灣人的啟發，同時也會疏忽了台灣大地孕育鄭成功，以及鄭成功藉由台灣大地能量開創新世界，彼此相互作用的重要性。

一百二十多年前，沈葆楨對鄭成功意識就做了最佳的詮釋，在他的對聯留給後人細細領會。繼沈葆楨之後，一八九五年，甲午戰敗，台灣仕紳和官員組成「台灣民主國」抵抗日軍，不堪一

擊，台灣民主國總統唐景崧與義軍統領丘逢甲，相繼渡海逃到大陸，丘逢甲後來寫了幾首詩與對聯，藉由鄭成功事蹟，感慨抗日無成，期許東山再起，其中一首是：

「誰能赤手斬長鯨？不愧英雄傳里名。撐起東南天半壁，人間還有鄭延平！」

「撐起東南天半壁，人間還有鄭延平」，其實就是「作遺民世界」、「是創格完人」的縮影，丘逢甲做不成「鄭成功」，至少感應到了「鄭成功」意識，這是台灣生命的傳承，身為閩南移民台灣後代的我，並不是一開始就了解，而是經由家族、個人經歷等過程，不斷開拓彼此之間的關係，探索並感應我與台灣生命深層裡DNA的傳承後，從中帶給我更多的自信與希望，勇於接受任何挑戰，為自己、也為台灣盡一分心力。

相對的，當我愈對鄭成功故事多了解一分，我就愈多一分對台灣的驕傲，台灣出現在世界上，她的能量始終源源不絕，無時無刻提供這塊土地上人們往前邁進的動力，從她誕生的那一刻起，能量始終不曾枯竭過，只要肯用心挖掘，就會像泉水般湧現出來，我的家族故事就是最好的見證之一。

第三章
清水的滋味

鄭成功在首度全球化的世界貿易時代，啟開閩南族群身上的海洋基因，成就華人前所未有的新文明。雖然鄭成功的理想沒有持續，後來閩粵移民熱潮，一波接一波湧現活力，到了十九世紀中期，中國被迫門戶大開，台灣成為貿易統合中心。

我的祖先蔡八來創立「蔡源順商號」，以牛罵頭為基地做起兩岸海洋貿易，將稻米、砂糖、樟腦等商品，大量輸往大陸原鄉，奠基日後蔡家事業基礎。後來台灣淪入日本殖民統治，伯公蔡惠如領導新文化運動，在生前的最後十年，他仍奔波各地貢獻生命能量，齊心協力追求台灣民族的文化自覺和政治平等的地位，令吳濁流、楊逵等晚輩敬佩感動。

一九七三年台灣文學泰斗吳濁流（一九〇〇—一九七六）應邀到成大中文系演講時，我站起來朗誦台灣民主運動先驅蔡惠如一九二五年遭日本逮捕入獄後寫的一首詞「意難忘」：

「芳草連空，又千絲萬縷，一路垂楊，牽愁離故里。壯氣入樊籠，清水驛，滿人叢，握別到台中。老輩青年齊見送，感慰無窮。山高水遠情長，喜民心漸醒，痛苦何妨。松筠堅節操，鐵石鑄心腸。居虎口，自雍容，眠食亦如常。記得當年文信國，千古名揚。」

一九二五年二月二十一日下午蔡惠如自清水搭火車出發，前往台中監獄服刑，許多民眾自動自發一路跟隨，到了台中車站，群眾愈集愈多，沿途燃放鞭炮送行，令日本警方震驚不已，台中警察署長親自到現場坐鎮指揮驅離群眾，仍然還有數百人一路跟著蔡惠如到監獄大門。入獄後的蔡惠如有感而發寫下這首「意難忘」詞。

與蔡惠如（一八八一—一九二九）同時前後入獄還包括蔣渭水（一八九一—一九三一）、蔡培火（一八八九—一九八三）、林呈祿（一八八六—一九六八）、石煥長（一八九一—？）、林幼春（一八八〇—一九三九）、陳逢源（一八九三—一九八二），史稱「治警事件」。

治警事件　日據時期台灣民主運動的分水嶺

治警事件是日據時期台灣民主運動的分水嶺。一九二〇年與一九二三年林獻堂、蔣渭水、蔡惠如等台籍菁英分別發起「台灣文化協會」及「台灣議會期成同盟會」。台灣議會期成同盟會主張台灣有別於日本帝國本土，應單獨設立「台灣議會」，自一九二一起至一九三四年前後總共發動十五次台灣議會設置請願運動；台灣文化協會宗旨是文化啟蒙，透過文化演講方式，喚醒台灣人的民族意識。

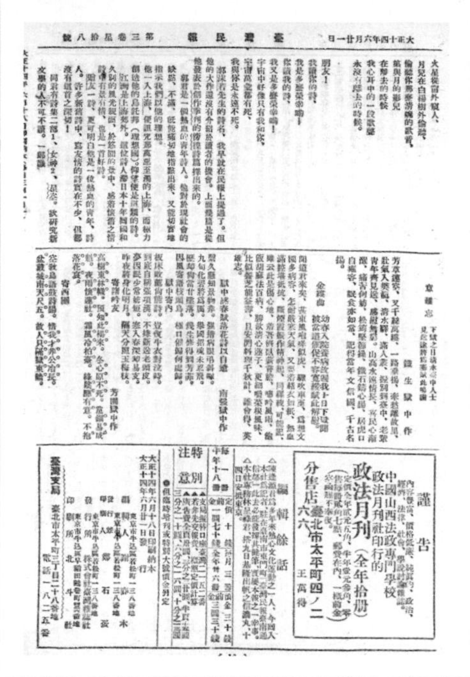

大正十四年六月廿一日　臺灣民報　第三卷第拾八號

蔡惠如的獄中詞作『意難忘』，以筆名鐵生發表於1925年6月21日台灣民報。

台灣議會設置請願運動與台灣文化協會，一為政治運動，一為文化運動，兩者主要成員重疊，相輔相成，連為一氣，共同點燃台灣民主運動聖火，引起日本總督府高度注意。總督府遂於一九二三年初頒佈治安警察法，十二月十六日對台灣議會期成同盟會成員展開大規模整肅行動，共有九十九位成員遭搜查、傳訊後，其中十八位被起訴，一九二四年八月一審法院判無罪，檢察官不服提起上訴，十月二審更改判決，蔡惠如等七人分別被判處禁錮四個月、三個月，其他六人則判處罰鍰一百元。

一九二五年初蔡惠如等人入監服刑時，受到民眾夾道歡送。總督府的鎮壓行動並沒有達到目的，反而激起台灣民眾認同，視蔡惠如等人為台灣民族英雄，因此，在蔡惠如等人刑期還沒有屆滿之前，總督府下令提早釋放，悄悄把他們送出獄，以免發生萬人歡送出監群眾運動。這一次治警事件雖然在日據時期台灣民主運動只是一個插曲，但對日後的社會民族與民主運動卻產生深遠的影響。這幾位台灣早期民族英雄之一的蔡惠如就是我的伯公。

自我意識覺醒　開創台灣土地

我還是小孩子時，便常聽祖父蔡江松與父親蔡正文講許多有關蔡惠如的故事，就像與我同一年代的小朋友聽大人述說廖添丁如何行俠仗義、劫富濟貧時，崇拜與景仰的心理油然而生。雖然廖添丁和蔡惠如都是清水人，我對他們都有著尊敬與親切感，但因為蔡惠如是自己的伯公，又是從祖父與父親口中說出來，格外感覺蔡惠如的傳奇英雄，以及一種形容不出來的甜蜜嚮往。等到長大後，我才慢慢了解蔡惠如想要追求的是讓每一位台灣人都享有完整的人格，追求最大的幸福。蔡惠如與同一時期的革命夥伴蔣渭水等人成立文化協會、向日本政府請願設置議會、建立政黨，目的不只是為了爭取台灣人民主、自由，還希望進一步能將它擴散至中國。

史家認為蔡惠如、蔣渭水兩人都受到孫文的影響，但我認為孫文對蔡惠如、蔣渭水的最大啟發不是搞革命、推翻滿清政府，而是文化意識上的影響，亦即自由、平等、博愛的理念，它表現在政治上即是孫文學說的三民主義：民有、民治與民享。在孫文的領導下，中華民國成為亞洲的第一個民主共和國，自由、平等與博愛的種子，卻從未有機會在中國土地上萌芽生根，三民主義也敵不過軍閥的槍砲而成為具文，最後讓孫文帶著革命尚未成功，同志仍需努力的遺憾離開人世。

1920年代蔡惠如留影。

相反的，隔著海峽對岸，同文同種的華人新移民地區——台灣，雖然受日本統治，但無論是社會安定、經濟發展與知識水平等各方面條件，遠比當時的祖國更有機會實現自由、平等與博愛的理念，向日本政府爭取台灣人應有的政治平等地位是一個開端，如果台灣能在異族統治下，無懼強權壓制，勇敢爭取天賦人權，即便只是形式上不夠完整的民主，就足以對中國大陸，乃至於對整個亞洲地區產生重大影響，開啟了大東亞地區歷史發展的新頁。

這是一個偉大的夢想，蔡惠如等人了解有太多阻礙夢想，但他們更清楚知道如果不付諸行動、堅持理念，台灣人就無法擺脫與生俱來的宿命，好比當年台灣人一覺醒來，突然從大清子民變成大和民族，無法掌握自己的命運一樣。蔡惠如等人不想再被宿命束縛，這由他在獄中寫了一首七言絕句「獄中感懷」：**「滄海曾經知世態，虛名浪得滿人間。中原天地春依舊，綠水青山待客還」**，可以感受到他那股豪氣萬丈與浪漫理想，他視台灣追求民主自由，為解放亞洲人民心靈的第一步，為了這個目的，他毫無保留的支持台灣民主運動，變賣家產支助文化協會、台灣民眾黨，乃至於贊助其他文教社團，因為他的熱衷政治，加上對中國的投資錯誤，清水蔡家在蔡惠如過世後，家道迅速中落，到了我父親這一代，過去曾是中部地區叱吒風雲的清水蔡源順商號完全不復當年。

我的祖先就如同其他台灣人祖先一樣，為了追求更好的生活而來到台灣。蔡家開台祖蔡世璉與妻子兩人，大約是在乾隆年間離開家鄉晉江古山鄉，涉險渡過台灣海峽來台落腳於牛罵頭，即

蔡源順世族略誌記載著清水蔡家歷史。

現在的清水大街路。蔡世璉夫妻一開始務農，生活艱苦到兩人共穿三條內褲，內褲補補縫縫重達三斤，靠著勤勉，生活逐漸穩定，最後由農轉商，創設蔡源益家號，做起雜貨一類小生意，不數年就小有財富。蔡世璉生有二子，長子蔡再來、次子蔡八來（一八〇八—一八五六）（八來為其乳名，本名蔡鴻元），也就是蔡惠如的曾祖父，共同繼承父親生意事業。其後，蔡八來單獨開創自己的事業，成立蔡源順商號，改做起貿易來。

蔡八來自行創業的原因，家族史料雖沒有太多的記載，可以確定的是他有強烈的企圖心，並不以做小生意為滿足。我的看法是他抓準了十九世紀台灣中部發展的契機，以及搭著梧棲開港的商機之便，機遇之合，創設了以經營台灣至大陸貿易為主的蔡源順商號，從而奠定了日後蔡家事業版圖。

梧棲港的黃金歲月　奠定蔡源順商號一席之地

在前一章我們談到鄭成功經略台灣的企圖心，亦即以台灣為基地，建立華人新世界。鄭成功因緣際會從閩南人海外移民、貿易，乃至於父親鄭芝龍一手打造海上王國的經驗裡領悟出自我開創的意識，這種自我意識覺醒所伴隨而來的力量，讓他在台灣有了實踐的機會，其實就是一種機遇之合。從時間縱軸線來看，台灣自古以來即是南島文明的發源地，海洋是她的生命，鄭成功所帶來的是被華人大陸文明同化的閩南族群，在十六至十七世紀海洋世界來臨、東西方交通大開，再度啟發原本存在於血液中的海洋ＤＮＡ，最後匯流於台灣，於台南一地開始併發華人前所未見的新文明。雖然鄭成功的理想並沒有實現，由鄭經接棒往前邁進，短短二十年間，台灣有了完全不同面貌展現，閩南與粵東移民來台一波接著一波，即使清朝將台灣納入版圖，採納施琅建議嚴密管制來台人數、地點，以及消極無為的統治，仍然阻止不了移民風潮，最後不得不稍微放鬆管制。

到了十八世紀末，一個世紀不到，台灣東至宜蘭、南至屏東的平原與丘陵處處可見閩南與粵東移民身影，在沒有得到官方全力支援下，他們自行拓墾土地、開發山林、建設水圳與打造家園，速度之快令清朝為之一震，因而陸續開放鹿港、淡水、艋舺港口，做為通商港口，台灣民生物質雖然還是要仰賴大陸進口，雖然還是被限制不得與西方國家有貿易往來，只能與大陸做生意，可是稻米與其他農林附加產品開始源源不絕輸往大陸，台灣的社會與經濟力量，絲毫不比大陸內地省份遜色。

十九世紀初，當時中部最大通商港口——鹿港，因濁水溪改道遭泥沙淤塞，港口功能大受影響，從而促使梧棲港商務加倍繁榮起來。梧棲港是在一七七〇年左右獲准與福建惠安通商，到了

蔡八來抓準了十九世紀台灣中部發展的契機，以及搭著梧棲開港的商機之便，創設了蔡源順商號，從而奠定日後蔡家事業版圖。

十八世紀末，港口街肆才慢慢成形，也就是大約蔡世璉來台之後成立蔡源順商號之際，等到鹿港功能萎縮時，梧棲港功能相對的日漸拉高，奠定了日後梧棲港最繁榮時期（一八二〇—一八五〇年代），蔡八來便是看準了此一機遇之合，還不到二十歲就創立蔡源順，從而促成清水蔡家在台灣歷史舞台佔有一席之地。

讓蔡源順商號事業，如日中天的是蔡八來三子蔡時超（一八四〇—一八七九）。這段時間也是梧棲港的黃金歲月，當時梧棲港埠一帶有四十多家行郊，經營醬菜、藥材、布店染房、藥舖漢醫、米石販運、碼頭牛車、飲食、什貨等。其中，蔡源順商號規模數一數二，擁有近百艘大小帆船，貿易範圍以福建、浙江沿岸泉州、廈門、漳州、福州、寧波港口為主，但遠至天津一帶也有蔡源順商號分行，南至南洋也有蔡源順商號的事業夥伴，財富呈現倍數累積，最盛時每年上繳稅銀超過一萬兩，財力之雄厚，可說台灣中部無人出其左右，當時清水、梧棲、沙鹿一帶有句俗諺說「錢在源順」，指的就是蔡源順商號。清水蔡家財力雄厚也可由一八六七年蔡時超撥出二百多甲土地做為祭祀公業費用，即台灣習俗常見的「大公租」反映出來。因此，小時候祖父曾說，當時霧峰林家財富還比不上清水蔡家，甚至地理風水師會以清水蔡家做為勘輿研究的對象，了解其中致富原因，一如現在之於台灣首富蔡家。

台中第一中學校創立委員。

蔡惠如協助台灣青年創刊。

活躍於台灣政經文教界
眼光擴至東亞地區

蔡八來、蔡時超父子經商致富，蔡家迅速成為中部望族後，開始投入地方文教、修繕水利工程與寺廟、參與公益活動，其中又特別重視興學講課。一八二五年，蔡八來與清水地方士紳等人共同發起創建文昌廟，並運用建廟剩餘款項，購置田產，興辦學堂，推廣漢學。一八九七年日本治台時，便是在文昌廟設置牛罵頭分教場，次年獨立為牛罵頭公學校，現在的清水國小，迄今仍保留一九三五年擴建的U型校舍及講堂。這座逾百年歷史的國小，留有許多清水蔡家人的身影與回憶，父親偶而回想起清水鎮第一次舉辦音樂會就是由他所發起在清水公學校演出時，心情仍然興奮不已，他告訴我，這一切都是來自先祖蔡八來的餘蔭，即便現在蔡家已沒落，成為尋常百姓人家，每當我拜訪清水國小，似乎依稀還聽到當年講堂裡的學子朗誦四書五經的書音，迴繞在現在教室走廊。

一八八八年，蔡家在大街路興建公廳祭祀蔡八來，日本治台後，因興建清水自來水廠，公廳被迫遷移現今清水社口，於公廳入口建置門樓，上書「還讀我書」牌匾四字，無聲抗議日本禁止台灣人學漢文。二〇〇一年蔡家後世子孫開始籌劃重新修建毀於一九三五年大地震的公廳，大家有志一同決議要保留「還讀我書」石匾，並不只是因為它倖存於大地震毫髮無傷，也不只是它具有歷史價值，而是它具有蔡家精神的象徵。

一九一五年，第一所由台灣人創建的中學校─台中中學，即今台中一中正式成立，五位創校委員林烈堂、林獻堂（一八八一－一九五六）、辜顯榮（一八六六－一九三七）、林熊徵（一八八九－一九四六）、蔡蓮舫（一八七五－一九三六）。其中蔡蓮舫是蔡惠如的叔叔，蔡家都叫他九老爹。蔡源順商號在蔡時超經營下，事業蒸蒸日上，蔡家一躍成為中部巨賈，蔡時超的主要助手就是最小弟弟蔡時洲，亦即蔡蓮舫父親。

蔡家流傳的故事指出，蔡蓮舫從小聰明過人，十五歲就考上相當於秀才的補弟子員，及長，

台中第一中學校創立紀念碑。

也像他父親般會做生意。一八九五年日本領台，蔡家與其他台灣家族避難大陸，蔡蓮舫留守台灣守護家產有功，因而分得現在位於台中公園一帶數百甲土地。一九一二年林獻堂祖母八十一歲壽宴上，大家感慨日本總督府雖有為台灣人設立公學校，但是中學校幾乎是為日本子弟而設，台灣人想要讀中學校是難上加難，不如節省舉辦壽誕，用來創辦一所給台灣人子弟讀的中學。於是從一九一三年九月起，歷經一年多與台灣第五任總督佐久間佐馬太請願、協調，一九一五年台中一中終於正式創校招生。

台中中學成立打破日據時期台灣人進升中學的限制，這是劃時代創舉。其次，這也是首次台灣從北到南各大家族如基隆顏家、板橋林家、霧峰林家、清水蔡家、鹿港辜家、高雄陳家大家團結一起，共同為創設一所給台灣人就讀的中學校奔波努力。現在台中一中還保存當年創校紀念碑，其中一段話清楚寫明其歷史意義：

「吾台人初無中學，有則自本校始。蓋自改隸以來，百凡草創，街庄之中學側重語言。風氣既開，人思上達，遂有不避風險，度重洋留學於內地者。夫以髫齡之，一旦離鄉遠景，棲身於萬里之外，徵特學資不易力，亦復疑慮叢生，有識之士深以為憂，之創立中學不可不可緩也。歲壬子，林烈堂、林獻堂、辜顯榮、林熊徵、蔡蓮舫諸委員，乃起而立請當道。」

林獻堂等五位創校委員，各司其職，蔡蓮舫負責的財務收支，顯然與其財力雄厚有關。蔡蓮舫曾任大肚上堡區長、台中市區長、牛罵頭信用合作社長，並與林獻堂等創辦彰化銀行。

蔡蓮舫與其他台灣家族為催生台中中學，保存台灣學子書香命脈而努力後，一九二〇年，蔡惠如在東京也開啟另一頁保存台灣書香命脈工作，不同的是志向更大，要結合台灣、中國青年共同開創新時代。

一八九六至一九一三年是蔡惠如事業最高峰時期，先後出任台中米谷會社社長、牛罵頭輕便鐵路株式會社執行董事（專務取締役）、協和製糖會社社長、台中市區長、員林輕便鐵路株式會社董事（取締役），也分別應邀加入由霧峰林家林幼春創立，當時號稱台灣三大詩社的「櫟社」

會員，他自已也在一九一八年於清水成立「鰲西吟社」。

當蔡惠如活躍於台灣政經文教界時，一九一七年他做了一個重大決定，變賣大多數家產轉往山東、北京、福州投資事業，先後成立山東高密製糖會社出任執行董事、北京五國合辦股份有限公司擔任常務理事，在福州則是從事土地開墾與漁獲開發生意。蔡惠如將事業重心轉往中國的決定，最後因為投資虧損，而造成了蔡家沒落，但卻開啟了蔡惠如視野，把眼光從台灣擴大到整個東亞地區。

從一九一八年起一直到一九二九年過世，蔡惠如頻繁往來於台灣、上海、天津、北京、福州、東京間，忙於事業之餘，絕大部份時間都用來從事擴展台灣民主文化運動。由於地緣關係及台灣學生留學日本人數日漸增多，從一九〇八年不到百人，到一九二〇年突破二千人，東京因而成為推動台灣民主文化運動重心，像蔡惠如橫跨台中日三地的人，可說絕無僅有，加上蔡惠如為人豪放，一擲千金支助運動，作事果斷，很快的他與林獻堂成為留日學生的精神領袖。

平等與自覺　留給蔡家與台灣最大的資產

蔡惠如與林獻堂兩人相知相惜，家世相當，都重視文化興學，也是革命夥伴，如果說林獻堂主要是扮演串連台籍菁英，爭取台灣自治的話，蔡惠如除了扮演著協助角色外，也引進新觀念。

蔡惠如往往是台籍留日學生了解中國，乃至於東亞地區情勢變化的消息來源，而他自己也以拓展日本以外地區支援台灣民主文化運動為使命，結交韓國獨立運動人士、中國國民黨總理孫文、推展中國新文化運動的北大校長蔡元培等人。一九一九年左右，蔡惠如便結合中國留日學生發起「響應會」、「啟發會」，是台灣留日學生最早成立具有社會運動雛型的社團，但因為宗旨不夠明確，一九二〇年蔡惠如與林獻堂在東京發起「新民會」。「新民會」便是由蔡惠如命名，綱領開宗名義說「研究台灣所有應予革新之事業，以圖文化之發展」，也就是目的在於啟發意識覺醒，做為民族運動之中心，也因此半年後進一步出版機關刊物——「台灣青年」。

新民會成立於一次世界大戰結束後，受美國總統威爾遜倡導民族自決風潮有關，表面上屬於學生社團，實際上是為從事政治運動預為準備，而成為日後台灣文化協會、台灣設置議請願運動的濫觴。當時留日學生希望蔡惠如出面領導新民會，不過蔡惠如卻認為實際領導工作應由林獻堂接手，他可以擔任會長，以便聯絡中國有志之士響應。林獻堂因為領導新民會奠定日後他在台灣爭取自治的領袖地位，蔡惠如除了提供金錢援助，返台時親自加入行動外，也爭取中國的支持，先後分別成立新民會北京與上海分會。

蔡惠如在台灣青年發刊號，著文「我之所望於青年、平等與自覺心」，文末寫著：

「欲平結今日之不等，必先有自覺心；欲享來日之平等，必先有自勵心。夫然後相率躬行實踐，各以其現有之法律道德宗教為範圍，庶人類同享之自由健康正義幸福，不難旦夕而至。至於過激均產等說，徒亂一時之秩序，其結果惟造因者身當其痛苦，適為平等曙光之阻礙焉。平等歟！自覺歟！我敬愛之青年，幸諦聽之。」

八十多年後，我再次讀到蔡惠如於台灣青年刊物所發表的文章，依舊感受到他的熱血澎湃。平等與自覺是他遺留給蔡家與台灣最大的資產，雖然他對中國有很大的寄望，但他心目中實現平等與自覺最理想的地方是台灣。後人有些把蔡惠如歸類為「祖國派」，並不公允，缺乏深刻探討蔡惠如心理意識，以及了解當時環境。我從祖父、父親口中得到的感覺是蔡惠如並不只認為台灣

蔡惠如與林獻堂兩人相知相惜，如果說林獻堂扮演串連台籍菁英，爭取台灣自治，蔡惠如除扮演著協助角色外，也引進新觀念。

需要中國的協助，台灣也可以成為中國復興的典範，彼此相互合作。當時中國雖然是亞洲第一個民主共和國，但內戰不已，各項建設與現代觀念不如受日本統治的台灣，台灣要掙脫殖民統治，有賴中國支持，再加上日本親台人士的協助，台灣的成功，也可以回饋到中國以外國家，孫文前後四次來台灣尋求革命的志同道合之士及援助，可以做為佐證。

就此看來，蔡惠如同時具有行動與啟蒙者角色，在當時的台灣民主運動裡可說是先驅者。而這一部份可能受到梁啟超（一八七三－一九二九）的影響。

義無反顧投入政治文化運動　化命運為運命

台灣與梁啟超的因緣，起於蔡惠如的兩位至交——林獻堂及林幼春。林幼春與林獻堂同為霧峰林家後代。十九世紀初，林甲寅經商致富後，林家分支為下厝的長子林定邦與頂厝的次子林奠國一系。前者即是林幼春曾祖父；後者為林獻堂曾祖父。林幼春與其弟林俊堂（又稱林痴仙）、蔡惠如等人繼一九〇二年創立「櫟社」後，一九一八年再成立「台灣文社」鼓吹漢文，林、蔡兩人理念相同，詩文往來之餘，亦常就文化思想相互討論。至於林幼春與林獻堂叔侄二人，林獻堂領導台灣設置議會請願運動，林幼春扮演著類似軍師的角色，相傳林獻堂在做重大決策之前，都會徵詢其意見。

林幼春仰慕梁啟超學問，兩人有書信往來，林獻堂即因其介紹接觸中國書報雜誌，因而也崇拜梁啟超。一八九八年戊戌變法失敗，梁啟超避難日本定居。一九〇七年林獻堂第一次到東京旅遊，得知梁啟超也在東京，主動求見請教有關台灣前途建議，沒想到兩次撲了空，正當準備歸台之際，卻意外在奈良一間旅舍巧遇梁啟超，透過翻譯，梁啟超明白向林獻堂說：「中國在今後三十年，斷無能力幫助台人爭取自由。故台灣同胞，切勿輕舉妄動，而供無謂之犧牲。最好仿效愛爾蘭對付英國之手段，厚結日本中央政界之顯要，以牽制台灣總督府之政治，使其不敢過份壓迫台人。」（引自黃富三：林獻堂傳。國史館台灣文獻館；二〇〇四年出版）林獻堂返台後，將梁啟超談話內容轉告林幼春，促成邀梁啟超來台一事。

梁啟超來台時間是一九一一年三月二十四日，林獻堂廣邀北台灣仕紳在台北舉行盛大歡迎會後，南下住進霧峰林家萊園，期間梁啟超曾到日月潭、台南旅遊，四月九日接獲康有為電報，提前結束行程返日。

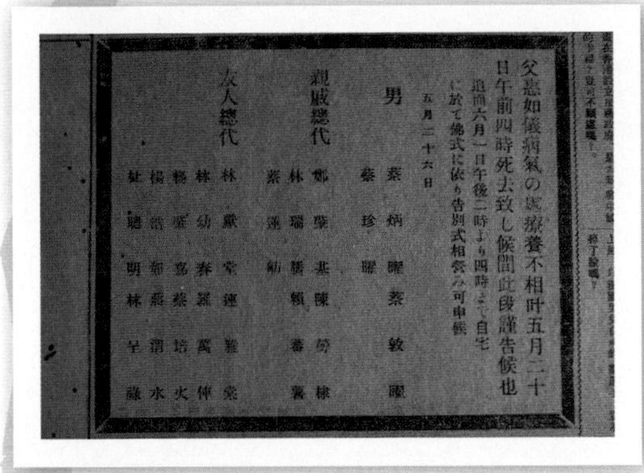
父惠如儀病氣の處療養不相叶五月二十日午前四時死去致し候間此段謹告候也
追而六月一日午後二時より四時まで自宅に於て佛式に依り告別式相營み可申候
五月二十六日
男 蔡炳曜 蔡敦曜 蔡珍曜
親戚總代 鄭肇基 林瑞騰 蔡蓮舫 [illegible]
友人總代 林獻堂 連雅堂 林幼春 羅萬俥 楊肇嘉 蔡培火 [illegible] 蔣渭水 杜聰明 林呈祿

蔡惠如告別式訃聞。

雖然梁啟超在台灣停留前後才十七天，但他的非武裝抗日主張，對日據中期台灣爭取自治、自由產生深遠影響，林獻堂即是其中最明顯的代表人物，蔡惠如則較專注於文化思想啟蒙，一九三〇年代台灣設置議會請願運動期間，有次林獻堂赴東京遞交請願書，蔡惠如行前寫了一首「東方齊著力」詞送行：

「春水微波，東方著力，放棹汪洋。翩翩俊侶，攜手帝王鄉。十上才名鼎沸，羨和境鯤海人龍，國家事，百年計，煞費思量。

秕政尚囂張，渾不似文明憲法條章。幾時改造，宿志總能償。可憶東林黨獄，千秋青史姓名香。從今看：歐風亞雨，吹遍東方。」

蔡惠如的志向之大，由此可窺一、二，然而壯志總是未酬，一九二九年五月二十日因腦溢血病逝。十二天後，在清水紫雲巖觀音廟廣場舉行的蔡惠如告別式，擠滿五百多位前往送行的群眾，其中高掛在會場的一幅台灣民眾黨，署名蔣渭水的輓聯，短短十個字，卻很貼切總結蔡惠如一生：

「徹底的性格，不妥協精神。」

性格剛烈，不輕易妥協，正是林獻堂對蔡惠如的評語，這是他令人尊敬之處，也是他失敗之因，但不管如何蔡惠如從不向命運低頭，以一己之力改變台灣。與蔡惠如同期的台灣民族運動健將之一，也是清水人，但年齡小了近一輪的楊肇嘉（一八九二－一九七六）親眼目睹蔡家興衰，他曾語重心長指出，蔡惠如大可坐享蔡源順商號財富，卻義無反顧投入政治文化運動，令他敬佩不已。

做為蔡家後代的我，長大後才逐漸體會其中意含，原來蔡惠如從蔡源順商號篳路籃縷，由窮致富經驗中領悟每個人都可以改變自己的命運，只要能自我覺醒，善用祖先與土地遺留的有形與無形資產，勇於冒險開創，便能打破束縛的宿命，實現自己的運命。就如俗話說，天生我材必有用，每一個人打從出生起，就在創造屬於自己的格局，化命運為運命，蔡惠如要創造的格局來自於蔡八來適時搭上梧棲港在十九世紀興起的台灣、中國貿易熱潮，蔡家因此成為巨富，他把這筆財富回饋到台灣、中國，從根本的社會改造、文化啟蒙做起，終其一生堅信有朝一日可以實現夢想，雖然最後他未能成功，抱撼而死，但因為他的化命運為運命的理想，把蔡家、台灣以及同時代的台灣人，再到我的生命連結在一起。因此到了我出生時，蔡源順商號的亮麗招牌，雖然早已褪色，淡出歷史舞台，但以清水蔡家為榮的想法，自小便烙印在心裡，就像我未曾看過伯公蔡惠如身影，可是他一直伴隨在我身邊，這個無形的資產，比有形的財富更彌足珍貴。因此，那天吳濁流演講，談到蔡惠如時，我情不自禁的背誦蔡惠如伯公寫的「意難忘」，沒想到吳濁流也當場激動流下淚來，這讓我更加感動身為清水蔡家後代的驕傲。

追求社會公義　啟發生命體驗

這讓我想起大約在一年後，我和宋澤萊一起去台中東海花園拜訪另外一位被譽為「壓不扁的玫瑰」的台灣作家楊逵（一九〇五－一九八五）。楊逵聽到我自我介紹姓蔡、清水人，不等我說完，就問我與蔡惠如有何關係，「蔡惠如是我的伯公」我回答，出乎意料的，楊逵伸出手來很客氣的對我說：「請上座」，令我受寵若驚，不知如何應對。楊逵說出其中原因。他說他一生尊敬的台灣人只有三位，其中之一就是蔡惠如。我現在已不記得其他兩位名字，卻還很清楚記得楊逵說，他最敬佩蔡惠如的堅持到底的理想性格。至於楊逵在日據時期與國民黨執政時期，總共坐了十二年多的牢，終其一生，都沒有放棄追求社會公義的理想。

本名吳建田的吳濁流，四十一歲那一年，不滿督學羞辱同事，憤而辭去二十一年之久的教職，正式投入小說創作。他的代表作是完成於一九四四年太平洋戰爭末期的長篇小說「亞細亞孤兒」（原名「胡太明」），透過胡太明的眼光，吳濁流細膩刻劃台灣處境有如亞細亞孤兒般，不知何去何從。一九六四年他獨自創辦「台灣文藝」及設置「吳濁流文學獎基金會」，鼓勵台灣本土文學，從六〇至七〇年代，台灣文藝、吳濁流文學獎基金會培養出無數本土作家，也是本土文學最主要的創作園地。

吳濁流演講時，聽到我背誦蔡惠如的「意難忘」激動落淚，以及楊逵請我上座，是因為他們同樣與蔡惠如都是永不放棄理想，也從未灰心，沒有任何困難可以阻擋他們追求理想，我想或許就是這種生命感召的餘蔭，讓吳濁流與楊逵對我這位蔡家後代也另眼相待。

生命連結產生的力量，其實就是一種無形的化命運為運命的網絡，同住在台灣土地上的每一個人，都有遇合的機會，只是我們常疏忽，不自覺錯過遇合之機，我比較幸運是同時有兩位生命啟發的導師：伯公蔡惠如及祖父蔡江松（一八九七－一九六五）。如果說伯公對我的影響是屬於歷史和意識層面；祖父則又多了一分感情和人生層面的啟發。

祖父與伯公兩人同輩份，伯公年齡比祖父大十六歲，兩人都具有浪漫個性，舉止溫和儒雅，是當時台灣社會典型的仕紳，雖然他們兩人選擇的人生路途截然不同，伯公追求政治理想，祖父則是在對政治失望後，窮其一生追求生命的意義，但是兩人關係比兄弟還要親，這要從蔡家故事說起。

伯仲樓成清水地標　清水蔡家最風光的歲月

蔡家一直流傳著一則附會故事。蔡世璉創設蔡源順商號，生意日漸興隆，別的商號擔心會遭受當時人見人怕的海盜蔡牽（一七六一－一八〇九）劫掠，惟獨蔡家不會。據說是來自蔡家有恩蔡牽，至於是什麼樣的人情恩惠，迄今沒有人說得清楚，只知道蔡牽海盜集團不會搶劫蔡家船隻，後來清朝官方便利用這點，透過蔡家誘捕蔡牽，蔡牽氣憤遭出賣，詛咒蔡家後代必有一門絕後。

蔡牽是清代嘉慶年間為害台灣最烈，時間也最長的海盜。他是同安人，因為遭受地方官員欺侮，加上地方鬧飢荒，遂挺而走險下海劫商，做起無本生意。從一八〇〇至一八〇九年，他數次入侵台灣西部沿海各港口與城鎮，官方莫可奈何，對台灣社會及兩岸貿易交通構成極大威脅，當時蔡牽有如鬼魅，商賈官民聞之喪膽，最後是靠著台灣人出身的王得祿一路追剿，最後被困於澎湖黑水溝附近，蔡牽自知難逃，引砲彈炸沈座船身亡。

蔡牽會與蔡家扯上關係，可能是同宗附會之說。從時間上來說，蔡世璉創立的蔡源益商號，並不是以兩岸貿易為主，而蔡牽死時，蔡八來才剛學會走路，蔡源順商號連影子都還沒有，蔡牽想劫，恐怕也找不到蔡家的商船可劫，但是這起故事一直流傳於蔡家後代，除非其中另有內情，不為人知。不然，我認為這是反映了清代中葉，亦即十九世紀初起，台灣開始展現旺盛經濟活力，閩南人大量移民台灣開拓土地，蔡牽之亂是這股華人新興活力的最大變數，一日不平，活力就無法完全展開，而平定蔡牽者是台灣人，也是台灣人官位最高的王得祿，蔡家又是近十九世紀中葉因從事貿易成為台灣巨富，這些具有很強的傳奇元素，撮合起來因而建構了蔡家有恩於蔡牽的傳說。

雖然此一傳說，附會成分遠多於事實，但放在台灣發展史及蔡家家族史的生命網絡裡，附會傳說就有了時代意義，它讓蔡家人感恩前輩祖先刻苦經營，也讓後代人了解台灣的發展是渡過無數次冒險犯難。同樣的，就因為台灣有活力，蔡牽才專挑台灣商船下手、以洗劫台灣港口城鎮為主，利之所趨，正印證了台灣與生俱來的強韌生命力。

蔡牽與蔡家故事，再度說明了生命連結的隱含意義。

蔡八來與元配陳棗（一八〇八—一八九三）生有五子，依序分別為蔡懷芳、蔡德晉、蔡懷斌

蔡惠如由窮致富經驗中領悟每個人都可以改變命運，只要能自我覺醒，勇於冒險開創，便能打破束縛的宿命，實現自己的運命。

（時超）、蔡懷勳（時保）及蔡懷淇（時洲）。五房中，二子蔡德晉早夭，似乎與傳說蔡牽詛咒蔡家一房絕後扯上邊。緊接著一八八〇年代左右，陳棗指示長子蔡懷芳、蔡懷勳陪堂弟蔡時瑤赴福州鄉試，沒想到遭遇颱風，船沈沒於福州外海，懷芳與懷勳兄弟雙雙罹難。蔡懷芳生三子，長男蔡敏川、次子蔡敏南、三男蔡敏貞，於是便將蔡敏南過繼於二房蔡德晉，傳遞香火。蔡惠如即是蔡敏南長子，而祖父蔡江松則是蔡敏貞次子。

蔡敏川、蔡敏南同為兄弟，自幼感情甚篤，一九一〇年代他們共同建屋，取名為「伯仲樓」，兄弟兩房同住，傳為中部地方佳話，伯仲樓建築新穎、氣派十足，設備現代，並附有小型迷你高爾夫球練習場，在當時率風氣之先，兄弟在伯仲樓與詩友吟誦、樂劇表演或舉行宴會款待賓客，伯仲樓成為清水地標，也是中部仕紳著名聚會交際場所，也代表著清水蔡家最風光的歲月，日本政府還印製為風景明信片，做為宣傳治台政績。

然而蔡敏貞、蔡敏南人生際遇卻有很大差別。曾祖父蔡敏貞性喜文藝賦樂，清水第一個北管子弟戲團「仙霓園」就是曾祖父所創；蔡敏南則對政治熱衷，擔任第一屆牛罵頭區長，其後由蔡惠如接棒，或許因為來自父親的遺傳，日後伯公蔡惠如與祖父蔡江松也選擇不同的人生路程。

一九二〇年代，祖父最疼愛的女兒——二姑姑在十六歲時生病去世，對他是一項非常大的精神打擊，因此祖父開始鑽研宗教，想要從宗教信仰裡尋找生命的答案。奉祀觀世音菩薩的紫雲巖是清水的信仰中心，也是台灣重要的觀音廟之一。紫雲巖從創建到歷次整修，蔡家出力出錢最多，紫雲巖很自然成為家族傳統祭祀地方。此外，祖父之前也曾贊助苗栗縣獅頭山勸化堂整建經費，每年暑假，他大都會到獅頭山避暑，算是勸化堂的出家居士，為此他曾翻譯金剛經，從佛教經典裡探索生命的奧義。姑姑過世後，祖父把心思擴大到西方宗教與哲學，改信長老教，做禮拜，也閱讀伏泰爾等著名學者經典著作，希望從中獲得更多的啟發，了解人生，每次領悟心得，就把感想寫在筆記本裡，中文的、日文的手寫筆記本，父親一直都保留下來，希望有朝一日可以將祖父筆記本集結成冊，從中獲得啟示。

生性豁達、隨性自由　捨政治而寄情於文藝

祖父蔡江松聰明絕頂，風流倜儻，詩書琴藝，無師自通，一學就會，全心鑽研於其中，直到成為專家。例如他對建築有興趣，一九三五年台中大地震，清水傷亡慘重，祖父就畫了建築設計圖提供商家復建；又如他學打高爾夫球，就在伯仲樓的迷你高爾夫球場，每天揮桿練習，一直到具有職業水準才停手。此外，他曾有好長一段時間研究卜卦，每天下午差不多四點時，就會看到祖父開始焚香打坐，接著用竹籤卜卦，我不知道祖父學的是哪一種卦術，但有不少人前來向他請教，其中有一位是牙醫師，後來旅居日本，據說在雜誌發表易經卜卦文章，很受重視，其中一些

論點便是來自祖父的傳授。

祖父總是有說不完的傳奇故事，每次聽他娓娓道來，都感覺很新鮮。祖父晚年接到來自一封來自日本的信，信封地址只寫著「台灣台中縣牛罵頭　蔡江松收」，雖然地址門牌號碼付之闕如，但因為祖父是清水名人，靠著「蔡江松」三字，郵差不費吹灰之力便把信送到祖父手上。到現在我印象還很深刻，看到當時年逾六旬的祖父讀完信後，手舞足蹈一整天，臉上流露出喜悅的笑容，好像小孩般的天真快樂，又像愛情電影裡，情人終於收到日思夜夢的情書。原來這是他十幾歲時前往日本，就讀慶應義塾（慶應大學的前身），當時祖父經由家族安排寄宿在校長家裡，以便就近照料，沒想到祖父與校長女兒一見鍾情，兩人談起戀愛來，後來祖父畢業，奉命返台，這段異國情緣無疾而終，沒想到在晚年時，年輕時的情人在她丈夫過世未久，想起往日與祖父的一段情，遂動筆寫信給他，令祖父大為感動，此後他們兩人隔海透過書信往返重溫昔日情懷。還有一次，祖父到上海想要看梅蘭芳唱戲，這是他的興趣，結果在一次偶然場合認識上海市長楊鐵城，兩人一見如故，相談甚歡，楊鐵城邀請祖父做上海某一區的區長，祖父也答應，到了預定上任的那一天，祖父竟跑去遊山玩水，他的理由竟然是：遊山玩水比做官重要，而且好玩多了。

祖父富有才氣，語文能力強，精通日、英文，又頂著清水蔡家光環，他也曾想與伯公一樣闖出一番事業。一九三〇年代中期，他帶著父親前往廈門投靠國民黨福建省黨部主委翁俊明

七〇年代初，成大中文系率風氣之先開辦台灣文學課程，且在成大中文系開辦台灣文學課程後，約三到五年後，台灣文學才成為文學主流，進而引發七〇年代末期的鄉土文學論戰。

（一八九一—一九四三），也就是旅日明星翁倩玉的祖父，擔任中階幹部，並且安排父親就讀黃埔軍校。日據時期，很多台灣菁英因為民族情感而對中國有祖國情懷，遠赴大陸讀書、或從軍、或加入國民黨，或是移居中國。這群台灣菁英，如連雅堂、謝東閩等人，有的以實際行動抵抗日本侵略，解救中國；有的採取不妥協方式，移居中國，抗議異族統治台灣；有的想要借重中國力量，為台灣爭取更多民主自由，進而解放台灣，脫離日本統治。一九四五年日本戰敗投降，他們成為國民黨派來台灣的接收大員，一夕晉升為統治權貴階層，然而受當時國民黨的腐敗文化與派系鬥爭影響，這批遠赴祖國的台灣菁英內部也出現黨同伐異，相互爭權奪利，從而澆熄了祖父的滿腔熱血，他在廈門期間，有黨職卻無事可管，想做事卻遭人掣肘，有志難伸的他，甚至遭人密告差一點身繫牢獄，灰心之餘，最後舉家遷回台灣。

祖父有心想在政治領域裡大展宏圖，卻因個性厭惡隨波逐流，也不願淌進政治鬥爭旋渦，最後選擇獨善其身。返台之後的祖父，從此幾乎絕口不提政治，寄情山水人文之中，怡然自得，不以為苦。小時候我常看到祖父揑土雕塑，這些用泥土雕刻出來的人像，都是他提過的清水蔡家親人，其中有的我見過，每一個人都栩栩如生，不知不覺中對蔡家歷史多了一分了解。有時候祖父會牽著我到紫雲巖廟埕與人閒話家常，一時興起，他還會拉起二胡，哼著南北管小調，娛樂眾人，坐在一旁的我雖然不太懂大人談話內容，二胡音樂也大都「有聽沒懂」，但我愛跟著祖父到紫雲巖，我知道跟著去的話，等一會就會有點心吃，天氣熱吃剉冰、天候轉涼時，喝一碗杏仁茶，配上一根油條，那種滿足的感覺，現在想起來就是幸福的滋味。

以祖父的才氣、資質等各方面條件，只要他願意，大有機會在政治嶄露頭角，然而生性豁達、隨性自由的他寧願逍遙自在，晚年以做代書，為人撰寫訴狀營生。就這一點而言，伯公與祖父看似截然不同，實則他們兩人都知道如何在變動時代中，尋找個人的最佳定位。

伯公的才氣、資質等各方面條件都與祖父相去不遠，兩人個性也都樂觀知足，富有浪漫情懷，伯公從政治找到他的人生舞台，盡情揮灑，一方面滿足他的理想；另一方面追求台灣人的幸福；祖父則是回歸文人本性，品嚐人生及探索生命奧義。他們用不同的方式，在不同的領域裡，表現自己最好的一面，而豐富了自己的生命之外，他們兩人也都特別重視文化，伯公參與籌組台灣文化協會用意是讓台灣人建立自信，透過了解自己土地上的文化傳承，以及與在不同時空階段中，對自己的文化變動關係，台灣人會更清楚認識自己，從而強化了對自己、土地的感情。祖父則是從生活面享受文化，探索文化與生命間的關聯。

我從他們身上領悟到人生要過得精采，首要是先了解自己，以及在不同時間、環境裡找到最適合自己的位置，也就是掌握「小我」與「大我」之間的關係，認識「主我」與「客我」之間的關連，每一個人的人生都可以過得多采多姿，不管所作所為是成功，還是失敗，就不會有遺憾。

因此，儘管伯公與祖父在史家眼中，兩人歷史地位大不相同，他們對我的人生影響都同等重要，但因為血緣與感情的親疏之故，祖父在我心中格外有重要意義。

本土與文化的相連　開啟對台灣本土歷史、文化的心靈之窗

一九六五年四月十六日，祖父去世時，我還是國小六年級的十三歲孩童，就已體會到失去親人那種刻骨銘心的滋味，以及想念親人的悵然感覺，那是我人生的一大轉捩點，日後考大學選擇讀中文系，即是受祖父的影響。

我從小就愛看課外讀物，作文也寫得好，只要老師給甲上，祖父就會獎賞一塊錢，六〇年代的一塊錢幣值換算成現在差不多可以買到一百元的東西，對小孩子來說是最實際的鼓勵，因而勾起我對文學的喜好。初中畢業考上清水高中時，我看了王尚義（一九三六—一九六三）、楊喚（一九三〇—一九五四）小說與詩集，深深為其所吸引，尤其王尚義的「從異鄉人到失落的一代」、「野鴿子的黃昏」描述知識分子的心靈無從尋找人生出路而苦悶不已，對我產生很大的震撼，吸引我投入文學創作的興趣，以及了解生命的演化過程，當時我最大的夢想是想要寫一本有關世界文明史，為所有知識分子解答生命的意義與出路，不再出現像王尚義的心靈苦悶與對人生的徬徨。用現在的眼光來看，這是不切實際的夢想，但在當時我卻立志非讀中文系不可，為此還

與父母親衝突。

父母親有感於蔡家由盛而衰，如果能讀大學，應該學以致用，而不是選讀將來畢業後不好找工作的中文系。我認為應該為理想而讀，中文是我的興趣，準備奉獻一生的領域，沒有道理放棄。雙方各持已見，最後拗不過父母親的要求，我讓步採取了變通的方法，填寫志願時國立大學在前，私立大學在後，接下來的系所則先填外文系，後填中文系，父母親才勉強接受。依照我的大學聯考分數，我應是考上輔仁大學外文系，但因成功大學是國立大學，填寫志願的順序排在私立輔大之前，而成大是填寫外文系在前、中文系在後，我的分數正落在中文系。換句話說，如果

我從伯公和祖父身上領悟到人生要過得精采，首要是先了解自己，以及在不同時間、環境裡找到最適合自己的位置。

不是為了滿足父母親的期待，改變了填寫志願順序；或者是分數稍微低一點，我應該進了外文系，然而陰錯陽差結果反而進了中文系，父母親也只好接受。一九七二年夏天，我從清水南下府城展開四年的大學生活。

說來相當巧合，我對台南的印象主要來自大姑丈王克忠。大姑丈是國民黨青工會資深黨工，擔國民黨青工會主任王唯農的秘書，兩人交情深厚，大姑丈曾擔任救國團第二組組長，在他底下的一位總幹事，就是後來擔任兩屆台北縣長，現為國民黨副主席的林豐正，由此可見大姑丈在黨內的輩份。王唯農是蔣經國栽培的重點對象之一。一九七二年起我進成大時，成大校長是倪超（一九〇五—一九九六），倪超身兼中國青年反共救國團南區主任，一九七八年倪超退休。接任王唯農，我已畢業兩年。成大從一九五七年到一九八七年閻振興、羅雲平、王唯農、倪超、夏漢民等前後五任校長都與蔣經國有密切關係，或是屬於救國團系統、或是與軍方有淵源的土木、機械、核彈專家。

一九六九年升高一的暑假期間，身兼青工會三民主義研究班主任的大姑丈在台南舉辦活動之便，我到台南找大姑丈與大姑媽。大姑丈在成大接待所裡談公事，我一人在外等候，看到成大學生在校園裡麵包樹下辦活動，陽光穿透綠葉灑在草皮上，小草隨著陣陣微風左右起伏，連同樹下學生笑聲一起徐徐吹送到我的眼前時，心中好生羨慕想著：如果我也能考上成大，那該有多好。

沒想到兩年後，竟然夢想成真，我成了成大新鮮人，迄今那一幕麵包樹下的情景，還鮮明的迴繞在腦海裡。

這種巧合感覺很奇妙。一時湧現的願望，雖是感情的自然流露，不一定真的會放在心上，突然有天願望實現，再度勾起當時情景，感覺會格外濃郁，就像我並不認識王唯農，但因為大姑丈的關係，我對他的感覺並不陌生。一九七二年成大中文系開設台灣文學課程，創下全台各大學第一個開設台灣文學課先鋒時，時間上的巧合，我也在這一年就讀成大中文系，也恰好在大一下學期吳濁流應邀前來演講，我因而一時熱血澎湃站起來背誦伯公蔡惠如入獄期間寫的「意難忘」，觸動了我對清水蔡家的感情，也啟發了我對台灣本土文化的興趣。這些諸多巧合，讓我領悟到人生路途中許多看似單一的偶然巧合之間，彷佛其中有一股無形力量在背後牽引，從而影響人生的方向，只是當時還年少的我並未深入發掘其中隱含的道理而已。

成大中文系開辦台灣文學課程與系主任尉素秋（一九〇七—二〇〇三）有很大關係。尉素秋是著名左派政論家任卓宣（一八九六—一九九〇）的太太。一九六六年尉素秋創辦「文學季刊」，擔任發行人，她的姪子尉天驄則執掌主編。「文學季刊」從創刊到一九七〇年暫時停刊，一九七一年改為雙月刊，再到一九八三年休刊為止，「文學季刊」培養了黃春明、陳映真、王禎和、七等生等台灣戰後出生的第二代作家，也是為七〇年末期鄉土文學風潮及引發與余光中等人鄉土論戰的重要前哨站。一九七二年尉素秋本來在師範大學教授詞選，應聘到成大中文系做系主任後，終於如願以償開設台灣文學課程。此外，尉素秋也設立鳳凰文學獎，鼓勵學生投稿，激發創作與文學經驗交流，我就讀大一沒多久，寫了一篇散文投稿，初試啼聲即獲獎，在系上開課的張良澤老師頗是欣賞我的文筆，進而帶動我有志於事文學創作，以此做為終生志業。大約有兩年時間，我積極寫作，向中國時報副刊投稿、拜訪台灣作家，向他們請益文學寫作技巧，以及積極參與系上活動等，日子過得很充實，但是大三後，發現我的興趣並不在文學創作，而是文明史。我對文學創作不是沒有興趣，而是發現投入文明史、文學史等與「史」有關的文化工作，更有成就感以及感覺有意義。

七〇年代初，成大中文系率風氣之先開辦台灣文學課程，是個大膽的政治冒險。當時台灣經濟成長已逐漸嶄露頭角，政治環境卻仍瀰漫一股肅殺之氣，白色恐怖夢魘雖已結束，幽靈仍盤據在許多人心中，探討台灣文學，就像黨外運動要求民主、自由一樣，意味者向當權統治者挑戰，屬於高敏感度的政治議題，然而或許因為有尉素秋的堅持文學信念、以及背後任卓宣的奧援，加上位處偏遠地帶，成大的學術自由風氣還未盛開等各方面條件的配合，成大中文系才能突破政治禁忌，開辦台灣文學課程，而且在成大中文系開辦台灣文學課程後，約三到五年後，台灣文學才成為文學主流，進而引發七〇年代末期的鄉土文學論戰。

一九七八年中退伍後，我先從廣告文案、招攬業務、代銷房屋再回到台南市自行創立房地產開發公司；從出生地清水、大學時的成大、台北的廣告業務，繞了一圈後又回到台南，做起房地產生意，四個地點間存在無形鎖鏈，彼此相互連結。

一九七七年七月余光中發表「狼來了！」正式點燃鄉土文學論戰時，我已經從成大畢業，再幾個月就退伍了，無緣參與此一影響台灣文學甚為深遠的盛會，但其實在大學四年級，因為台灣文學課程，開啟了我對台灣本土歷史、文化的心靈之窗。我從吳濁流、楊逵、鍾肇政、張良澤、黃春明等台灣作家身上領悟到所有的一切都要根植於「本土」之上才有意義，本土是住在這塊土地上人們的共同資產，小至個人、社區，大至社會與國家的興盛衰亡都脫離不了「本土」，而文化是了解本土內涵的最好的途逕。從時間縱剖面來看，文化提供了人、事、地的來龍去脈線索；從地理的橫剖面來看，文化顯現人、事、地的彼此關聯。我們看待一個人，或是一個地區，乃至於一個國家的發展，必須同時兼顧縱剖面與橫剖面，並以人的活動為中心，連結縱、橫兩剖面後，文化才能顯現完整的面貌。

二百萬變成二億　蓋房子也是實現文化理想的方式

一九七八年中退伍後，年少輕狂時立志要寫世界文明史、以文學創作為畢生志業的我，因為現實壓力而曇花一現。我先從廣告文案、招攬業務、代銷房屋再回到台南市自行創立房地產開發公司，事業成就一度令當時同業稱讚，但偶而隱約覺得內心深處有一股聲音，很細微聽不太清楚，可是又嗡嗡作響，當時的我一方面忙於賺錢，視為工作壓力下的情緒反映，沒有細加聆聽；

另一方面自認房子蓋得漂亮，運用社區附近的歷史文化，拉高房價，也算是一種文化創意事業，學以致用，主觀價值上也認為賺錢是高尚的事情，可以體現服務精神，如果該賺到而未賺到，表示你的服務精神與專業能力不夠，不夠格成為生意人，甚至是一種不道德。於是在追求利潤最大化誘因下，我只顧著一頭往前衝，沒有停下腳步沈澱心情思考。

一九八八年在台南市永福國小興建的新領袖通商大樓案例，可以看出我當時的企圖心。這個案子是朋友引薦一位地主醫生想出售手中握有約六十七坪的土地，開價一坪十八萬而起。永福國小位於中正路與永福路口，是台南市著名的明星學校，七〇年代台灣經濟還未起飛之際，永福國小就有音樂館，很多有錢人都想把孩子送到永福國小，襯托其社會地位。我看準了這塊土地的潛力，如果能在緊鄰永福國小旁邊，蓋一棟高級大廈，房價拉高後，一定會有人買，利潤相當可觀。但只有六十七坪土地，要興建大樓，面積不夠，還要再收購周邊土地，才能動工。因此，六十七坪土地只是一個起頭而已。沒想到就在雙方準備簽約前夕，國有財產局釋出位於新生街的台南監獄舊址土地，國泰建設以每坪十八萬得手。消息見報後，這位人住在台北縣永和的醫生在簽約當場要求每坪多付二萬，否則不賣，態度堅決。

我能理解他臨時漲價的理由。新光三越百貨現在在台南市有兩家分店，一在火車站附近的中山店，另一個即是位於台南監獄舊址上的西門店。一九八八年國泰建設取得台南監獄舊址的一萬多坪土地後，曾有意開發超高商業大樓，但因受台南機場航道高度限制而作罷，閒置十年後，新光集團與亞都麗緻分別向國泰建設承租部份土地興建百貨公司與飯店。新光三越西門店成為全台灣最大的獨棟百貨公司；大億麗緻酒店則是台南市第一家五星級飯店，因而帶動當地的商業蓬勃發展，如今台南監獄舊址一帶成為台南市新興商圈。

然而在當時台南監獄舊址一帶位處市郊，大都為公教住宅，土地利用有限，沒有什麼商業活動，難以與永福國小週邊土地價格相比，用「天壤之別」來形容一點也不為過。這位醫生地主心想，既然台南監獄舊址土地，每坪都可以賣到十八萬，他把價錢漲到每坪二十萬並不過分。但我要考慮的不只是這筆土地每坪多二萬，還要想到日後收購周邊土地時，會不會產生骨牌效應，額外增加土地成本，何況能不能收購到足夠土地，還是未知數，如今第一筆土地就突然多出一百三十四萬的成本，在商言商，確實有不少的風險。醫生也知道雙方明明講好價格了，簽約時突然漲價，不合乎人情，他給我一小時決定買還是不買，我出去外頭走走路整理思緒，十多分鐘回來後，丟了一句阿沙力的話給醫生：二十萬，現在就簽約。

我決定孤注一擲，並非一時興起，也不單是這塊地有開發潛力，而是數年來銷售房屋、蓋房子的經驗。一九八七年國泰建設以每坪九十萬標下台北市南京東路、遼寧街口，鄰近華航公司旁土地，亦即後來由威斯汀飯店集團興建五星級的六福皇宮飯店所在地，創下國內房地產交易價格記錄，一年後，國泰建設再以每坪十八萬標下台南監獄舊址土地，房地產一飛衝天的氣氛愈來愈明朗，直覺告訴我，房地產會在未來數年出現很大的變動，只有搶先一步佔得先機，勇於投資與佈局才可以賺大錢，因此，我的抉擇也跟著清楚起來：要嘛，冒險一試；要不就繼續賺些蠅頭小利。我選擇了前者，我相信抓對時間點，搭配創意行銷，再加一點冒險精神，獲利數倍可期。

接下來分別與其他五位地主洽談收購土地時，我盡最大可能用最好的價格收購，例如與一位擁有十六坪土地地主洽談時，我很大方說，只要他肯賣，完工後可以分得一個樓層，換算成完工後的屋價大約值二千萬。又如一對母子共同持有土地，兩人關係卻勢如水火，做母親揚言就算她

我們看待一個人或一個地區，乃至一個國家的發展，必須兼顧縱剖面與橫剖面，並以人為中心，連結縱、橫兩剖面後，文化才能顯現完整面貌。

死了，也不會蓋章同意，好處讓兒子佔盡，我費盡心思一一洽談，提供優渥條件，最後完成被當地人視為不可能的任務。花了數月工夫，連同醫生的六十七坪土地在內，我總共收購了一百八十坪土地，平均每坪成本二十五萬，也就是土地總成本是四千五百萬，開始動工興建九層樓高的新領袖通商大樓。

取名為「新領袖通商大樓」是出於在行銷策略上凸顯永福國小優越地理條件及其背後代表的社經地位。為此，我使用當年最好的建材，光是整棟大樓地板與外牆採用花崗石，就是一大創舉，使得工程總經費也水漲船高到近六千五百萬，連同土地成本合算在內，我投入超過一億一千萬的經費，但實際上我只用了二百萬的周轉金，最後成交總金額達一倍以上，扣除其他開銷，稅後純利豐厚。我採取的行銷策略是凸顯新領袖通商大樓的附加文化、社會價值，強調擁有的不只是一間房子，也是一個社會地位與身分的表徵。此一行銷策略成功與否，固然與房子地點好、高級建材與內部設施有關，但最大關鍵在於屋價要高於市場行情，這就像同樣一杯咖啡，85度C與星巴克（Starbucks）價錢就差了很多，不只是因為星巴克的咖啡豆比85度C好，而是其中含有的文化價值，房地產也是如此。

永福國小附近從未出現過一棟超過七層樓以上的大廈，即使想蓋也不易找到足夠的土地面積，我卻能突破重重障礙，蓋棟很有氣派的九層樓大廈，於是我一方面拉高房價，提高購買者的身分感；另一方面保留彈性的殺價空間，增加購買者購屋成交的成就感。以當時附近一帶的市場行情，每坪超過十三萬就算是很高，我的單價卻是每坪最低二十五萬，議價空間可以下殺到二十萬／坪，至於一樓店面是一百萬／坪，創下台南市有史以來單價最高的記錄。當時有些業界朋友抱持悲觀態度，他們認為，十三萬／坪的單價，銷售就要得加把勁，超過十七萬／坪以上，鐵定賣不出去，我卻是二十五萬／坪的天價。我很幸運的是新領袖通商大樓動工後，台灣房地產價格

取名為「新領袖通商大樓」是出於在行銷策略上凸顯永福國小優越地理條件及其背後代表的社經地位。

一夕倍數翻轉，台南房地產市場漲幅雖比不上台北縣市，卻有利於促銷新領袖通商大樓，很快的就銷售一空。

前後兩年時間，二百萬變成億萬，讓我感覺驕傲，認為蓋房子也是一種實現文化理想的方式，而這種自覺文化人的體認應是源於孩提時代，受祖父、伯公與清水蔡源順商號的潛移默化影響，如同我從出生地清水、大學時的成大、台北的廣告業務，繞了一圈後又回到台南，做起房地產生意，四個地點間存在無形鎖鏈，彼此相互連結，就像潛伏於地表之下的流水，地表上看不到，卻是一年三百六十五天、二十四小時晝夜不停前進，最後浮出地表，涓涓細水化為溪流，溪流再注入大河，奔向海洋。

從事房地產就是我的人生細水從地表浮出地面的開始，接下來我要做的是真正透過蓋房子實現理想，選定關仔嶺做為創造自我新世界的起點，野心更大，但也因而遮住了謙卑，才爬上關仔嶺頂峰的我，又狠狠摔下深谷。我跌倒了，卻有了更多的收獲，讓我重新回歸自我本性，看待自己、思索台灣，經過二十年摸索，現在的我視野更廣，信心更強。

第四章 戀戀關仔嶺

清水是我出生的家鄉，台南、台北是我求學與成就事業的城市，而關仔嶺則是我人生創格的啟發之地，也是我發現新世界的壯闊源頭。

關仔嶺地理方位居高臨下，是嘉南平原發展的樞紐。起初，我在關仔嶺遇見陳明清、高錦花，分享台灣歷史的情感和演進過程。然後，又在嘉南平原連接感應到陳永華、王得祿與八田與一，與諸前輩們進行知性與靈性的對話。在關仔嶺我領悟到東方傳統儒釋道宗教與西方基督教會的靈知神諭，許多先驅先賢的事蹟記憶聚集，牽引大地的山水風情，連結阿里山脈、玉山山脈、中央山脈的能量。

關仔嶺是我的內心靈山與生命泉源的遇合處所，穿越時空我看見自己的未來、看見台灣的未來、更看見人類的未來，也讓我更有自信往台灣創格志業的大路邁進。

溫泉、水火同源是許多人對關仔嶺的第一個聯想。對我來說，「明清別莊」卻是我對關仔嶺的第一個印象。一九八三年，有天我一時興起到關仔嶺遊玩，經過關仔嶺教會附近時被一個漂亮的美式別墅社區吸引。社區環境清靜幽雅，最特別的是社區的馬路不是柏油路，而是用一塊塊大理石砌成，這樣的建築在當時算是非常高級的，不比陽明山的豪宅遜色，從事房地產的我自然很好奇想要一探究竟，到底是何方神聖有如此的魄力與眼光，大手筆在山上蓋起別墅。沒想到被大門警衛阻擋下來：「私人別墅，謝絕閒雜人等參觀」，印象中口氣很不好，讓我心裡很不是滋味，暗自發願總有一天要買下明清別莊。

初探關仔嶺　轉化為感情上的認同

大約一年後，經一位朋友的介紹，明清建設負責人陳良夫主動找上門來，探詢我是否有意買下明清建設名下的關仔嶺土地。陳良夫繼承某父親陳明清位於關仔嶺嶺頂地區的土地，並於一九七五年蓋了第一批近一百間，每間近百坪的別墅，取名「明清別莊」以紀念其父親。後來因為財務問題，無力後續開發，有意脫手其他土地。介紹我和陳良夫認識的這位朋友，我並不熟，是他有次聽到我在談房地產永續開發的想法時，覺得我很適合接手開發關仔嶺，遂主動居中聯繫我與陳良夫見面。

陳良夫的父親陳明清（一九〇三—一九六四）出生於關仔嶺，長老教會中學畢業後，負笈東瀛就讀中央大學法學部，學成後通過裁判官檢定考試，派駐名古屋法院，成為第一位在日本擔任法官的台灣人，直到一九四一年才回到台灣定居，先就任新竹地方法院院長，其後因健康因素，搬回台南於中正路開業做律師。一九五一年，陳明清獲選為長榮中學董事長，此後連任三屆，直到一九六三年才卸任。

陳明清擔任長榮中學董事長期間，由於同時是法學界與長老教會耆老，因而受邀參與東海大學創校籌備工作，受到東海大學創校的激勵，陳明清也發下心願要促成長榮中學升格為大學。長榮中學與東海大學都是基督教會創設。長榮中學是台灣第一所中學，緣自於一八六五年英國基督長老教會宣教師馬雅各醫生（Dr.James Laidlaw Maxwell）來台從事醫療傳道工作，正式設校時間則要到一八八三年。東海大學則是一九〇五年國共內戰，因大陸地區十三所基督教會支持的大學未能隨同國民黨政府來台，由一群教會人士聯名向位於美國紐約中國基督教大學聯合董事會申請在台創設大學，並於一九五三年正式成立創校籌備委員會。一九五五年，陳明清在長榮中學創校七十周年慶祝典禮致詞時，正式揭櫫升格大學是未來長榮最重要的事業，為此他曾計劃要把關仔嶺土地提供做為長榮大學音樂學院的用地，這一部份可能來自陳明清太太高錦花的影響。

高錦花（一九〇六—一九八八）出生於台南長老教會世家，從祖父以降三代都是虔誠的基督徒。祖父高長（一九三二—一九一二）是台灣長老教會第一代傳道師，南部長老教會發展史上，高家扮演非常重要的角色，迄今在長老教會仍有很大的影響力。高錦花從小就有音樂天分，尤其是獨鍾鋼琴。一九二六年長老中學畢業後，赴東京日本音樂學校攻讀鋼琴科。高錦花留學日本期間與陳明清相戀結婚，婚後兩人雖定居日本，但高錦花常受邀返台參與慈善音樂會演出。

一九三五年四月二十一日苗栗獅潭關刀山發生芮氏七・一級大地震，即俗稱的台中大地震，造成三千二百一十六人死亡，房屋倒塌近兩萬間，這是二十世紀台灣災情最慘重的地震，當時高錦花剛好返台省親。台灣新民報董事長蔡培火（一八八九—一九八三）發起「震災義捐音樂會」，也是台灣第一場為賑災而舉辦的巡迴音樂會。蔡培火與高家有姻親關係，高家小孩赴日本讀書，都曾受蔡培火的照料，高錦花也是其中之一，於是當蔡培火開口邀約，她便義不容辭參加。巡迴音樂會從七月三日至八月二十一日在全台巡迴舉辦三十七場，高錦花每一場都參加。

一九四〇年左右，她與陳明清返台定居，從事音樂人才培養，對陳明清積極奔走催生長榮中學升格，她也抱以相當期待。然而受到當時政治環境以及教育部的大學政策禁令等因素，雖然長老教會總會很快通過長榮中學改制為長榮學院，著手進行籌備工作，但陳明清努力近十年，直到卸任董事長前，仍無緣親眼看到長榮中學升格為大學的理想成真，最後帶著遺憾離開人間。而原本可能是長榮大學校地用地之一的關仔嶺土地，便由兒子陳良夫成立明清建設公司進行開發興建別墅。

「明清別莊」是我對關仔嶺的第一個印象，我選擇保留明清建設做為開發關仔嶺房地產的主體，建設公司與社區皆取名為「明清建設」、「明清別墅」，隨著我逐漸探索關仔嶺地區歷史，以及由此衍生接觸整個台灣歷史與文化後，更轉化成為感情上的認同。

陳良夫約我在關仔嶺碰面，順道探望母親高錦花，當時年齡已近八旬的她，講起陳明清、長榮中學改制及明清別墅一路走過來的故事，眼神還是會綻放出活力，好像是在談昨天才剛發生過的事情般，夾雜著興奮、驕傲，又有惋惜的感情，我雖對陳家、高家與長老教會的歷史並不熟悉，卻也被高錦花所感染。經過幾次會面，我開始陸續收購陳家位於關仔嶺嶺頂一帶土地，並且分批興建大小坪數不等別墅，從一九八七年正式銷售第一批別墅到一九九七年結束關仔嶺土地開發，舉凡設計規劃、集資興建到銷售，實際上全由我的公司負責，但對外還是以明清建設名義申請建照等各項證照。

我選擇保留明清建設做為開發關仔嶺房地產的主體，最初是基於對陳明清、高錦花的尊敬，就像陳良夫為了紀念父親，建設公司與社區皆取名為「明清建設」、「明清別墅」，但隨著我逐漸探索關仔嶺地區歷史，以及由此衍生接觸整個台灣歷史與文化後，便進一步轉化成為感情上的認同。

堅持理想、開創新局　值得後代尊敬與追隨

一九五一年台灣基督教會發起東海大學創校時，長老教會總會共推派三位代表參與籌備工作。陳明清之外，另外兩位是黃彰輝（一九一四－一九八八）與黃武東（一九〇九－

他們三位在當時都是新一代的長老教會領導階層。三人之中，陳明清留日鑽研法律；黃彰輝先進東京帝國大學攻讀哲學，後轉赴英國劍橋大學研讀神學，成為第一位在劍橋研修神學的台灣人，一九四七年二二八事變發生後返台執教於長榮中學；黃武東於一九三〇年自台南神學院畢業後，開始傳道工作，一九五〇年出任長老教會南部大會總幹事。當時長老教會因為過去殖民傳教之故，分成南、北兩大系統，南部以英國長老教會系統為主，北部則是加拿大長老教會系統為主，彼此不相統合，但經過黃彰輝、黃武東、陳明清的奔走努力，終於在一九五一年合併成為長老教會總會，也就是在這一年，他們三人代表長老教會參與東海大學籌備工作，從而體認到長榮中學有改制為大學的必要性。

他們三人共同理想都認為長榮大學應該具有台灣特色，而不是像東海大學是延續大陸地區的基督教大學，具有「復校」的性質。未來的長榮大學雖是基督教創辦，但更要貼近社會，致力於培養台灣人才。陳明清曾在長榮中學董事會上說出他的目標是希望將來有朝一日長榮能發展成為從小學、中學到大學的完整教育機構，才能因應時代的要求。一九五六年陳明清等三人前往日本東京、橫濱、名古屋、京都、大阪、廣島等都市實地考察教會學校，看到這些學校很多都已發展成具有大學、高校、中學校、小學校，甚至幼稚園的完整學園，陳明清有感而發的說：「戰敗的國家都能如此，為什麼戰勝國家的我們不能呢？」更加鼓舞他致力於推動長榮中學升格為大學一事。一九九二年，長榮中學先改制為長榮管理學院，到了二〇〇二年才終於正式升格為大學。前前後後有半個世紀之久，世事滄海桑田不知幾回，但陳明清的精神卻一直貫穿其中，並未因時間而消失，還因長榮大學正式升格而繼續延續下去。

一九八五年我開始投入關仔嶺土地後續開發時，陳明清已去世二十年了，但從高錦花口中與文獻資料裡，我從陳明清的身上彷彿看到祖父與伯公的身影，他們都具有豐富而浪漫的情感，憑一己之力實踐夢想，成也好、敗也好，他們在乎的是有沒有盡力而為、有沒有堅持到底尋找一條台灣新出路；注重的是在文化層面啟發台灣人的心靈，視文化為建構台灣人成為新興民族，立足於東亞，邁向全世界的基礎。陳明清與祖父、伯公等人共同的理念都認為如果台灣缺少內在文化的建立，台灣人便無法超越過去以來受殖民統治的宿命，也會一直淪陷於重複循環的歷史宿命，無法徹底解放被桎梏的心靈，展現出奔放的生命力。

祖父蔡江松、伯公蔡惠如、陳明清、高錦花等人都只在台灣歷史長河裡留下短暫身影，歷史對他們的記載也大都只有隻字片語，甚至許多人連他們的名字都沒聽過，但就追求台灣新世界，建構台灣人為新興民族的角度來看，他們的貢獻既無分軒輊，也不亞於那些較著名的歷史人物。相反的，這群曾為台灣努力付出的人，只要是能堅持理想，致力於開創台灣新局，基本上他們都是在延續鄭成功意識，或者反過來說，那些在意識上具有延續鄭成功精神，追求建立台灣新世界的過往歷史人物，不論其成敗結果，也不分其名氣大小，其實就具有某一程度的「完人」地位，值得後代尊敬與追隨。

穿越時空藩籬　分享共同的歷史記憶

我以明清建設名義前後在關仔嶺蓋了五批別墅型社區，名字都取為「雷諾瓦森林小徑」。這緣自於當時剛好印象派大師雷諾瓦一幅名畫拍賣，靈機一動遂拿來做為社區的名字，用意是想要加深社區的文化感覺，並與明清別墅的幽雅環境相互輝映。雷諾瓦社區佔地超過六千坪，地理位

祖父蔡江松、伯公蔡惠如、陳明清、高錦花等這群曾為台灣努力付出的人，具有某一程度的「完人」地位，值得後代尊敬與追隨。

置自成一格，可以做完整規劃，開發為有特色的社區，同時具有休閒渡假與住家別墅的風貌。我還首開先例在社區裡興建俱樂部，除了提供社區休閒與聚會場所外，也對外營業。俱樂部設備新穎、裝潢富麗堂皇、餐飲美味、價格實惠，開張後很快打出名號，成為台南一帶政商名流的聚會場所。一九九三年底縣市長選舉前夕，李登輝為了排除國民黨提名的黃秀孟參選阻力，便在俱樂部約見立委洪玉欽、省議員方醫良、謝鈞惠等人，進行黨內整合，只是選舉結果黃秀孟落選，由民進黨提名的立委陳唐山當選台南縣長。陳唐山做了縣長後很喜歡來俱樂部用餐，向俱樂部服務人員稱讚牛排很好吃，但後來俱樂部因長期虧損而結束營業，陳唐山有次巧遇一位俱樂部的服務人員還表達惋惜之意，說他還很懷念俱樂部牛排的美味。

雷諾瓦社區傳承明清別莊名氣，在關仔嶺地區引領風騷的同時，我也逐漸面臨後續開發的財務壓力，為此父母親還特地到台南探望加油打氣，一問之下，父母親竟然與陳明清有數面之緣。原來一九三〇年代末，父母親經人介紹到新竹玻璃公司做事，偶爾會到西門教會做禮拜，因而認識陳明清。父親說他手上還保有當年與陳明清夫婦二人合照的照片，他也很訝異過了近半世紀後，陳明清的兒子在關仔嶺興建別墅，最後再由我接手。接著父親又想起一九二〇年代初，祖父與大姑媽到關仔嶺遊玩的往事。

關仔嶺溫泉是一八九八年駐紮關仔嶺的日本軍隊發現，溫泉呈灰黑色夾帶微小泥粒，泉質滑膩，而有「黑美人湯」之稱，是當時全台僅見的泥質溫泉，溫泉業因而快速發展起來，成為南台灣著名的風景區。關仔嶺第一家民營的溫泉旅舍——清秀旅舍為清水人所創設，這位周姓老闆邀請祖父到關仔嶺做客。祖父遂帶大女兒前往，那一年父親並沒有去，但父親印象很深刻。父親的姐姐，也就是我的大姑媽回來後，說關仔嶺的木瓜是全世界最好吃的木瓜，因為大姑媽從來不吃木瓜，一生中也就吃過一次，地點就是在關仔嶺教會旁的木瓜園，多年之後，大姑媽還是沒忘記關仔嶺教會的木瓜，她也不知道當時不愛吃木瓜的她，怎麼會突然敢吃，並且念念不忘，又怎麼會回到平地後再也沒吃過一次木瓜。這些疑問沒有答案，如果不是我在關仔嶺興建社區，父親也不見得會想起這段陳年往事，但他知道並不是我主動與陳良夫接洽購買土地，接手後續開發後，父親更覺得很奧妙，好像冥冥之中註定我會到關仔嶺來。

至於高錦花晚年會在關仔嶺長居，也與她的家族有關。

一八六〇年代台灣因清朝與英、法簽訂天律條約開放淡水、安平通商口岸而恢復對外貿易後，經濟迅速成長，從而吸引福建一帶人民移民到台灣，尋求自己的新天地，高長也是這一波新移民的成員之一。一八六四年，二十八歲的高長從福建泉州渡海到台南投靠其姐姐，先是在姐夫經營的雜貨店當夥計，一年後自行創業未成，無所事事，染上賭博惡習。有天他又弄了一筆錢想要去賭，於是想到看西街，位於現在台南市仁愛街附近一家王爺廟燒香拜拜，希望求得好手氣，卻在半途看到馬雅各醫師正在傳教，高長很好奇這位外國人怎會說台灣話，遂停下腳步，結果愈聽愈著迷、愈感動，竟忘了要去王爺廟求神贏錢，反而發願要信耶穌基督，因而成為台灣長老教會第一位信徒、第一位漢人傳道師。

高長從一八六六年正式受洗到一九一二年去世，四十六年間中台灣以南到台東一帶都有他傳福音的足跡。一八七五年，三十八歲的高長在另一位著名長老教會牧師甘為霖（William Campel一八四一－一九二一）見證下，於關仔嶺岩前教會與十八歲的洪雅族女孩朱鶯結婚。高長與朱鶯，連同收養的長子高金聲在內，共育有五男二女。高家的第二代五男二女及媳婦、女婿，非牧即醫。其中，次子高篤行也就是高錦花的父親；三子高再得是一八八三年高長夫婦兩人前往南投埔里傳教時，出生於現在愛蘭教會的前身—烏牛欄教會，他的兒子中最著名的一位也就是曾發起台灣自決宣言，及美麗島事件因「窩藏」施明德而遭逮補入獄的高俊明牧師。換言之，高錦花是高俊明的堂姐，高俊明要稱陳明清為堂姐夫。

關仔嶺地區最早的長老教會是甘為霖在一八七四年創建的白水溪教會。一八七五年白水溪教會落成時，遭當地土豪吳志高以破壞風水為由，率眾焚毀，甘為霖趁隙脫逃倖免於難，其後經英國領事館與官方協調，吳志豪除了賠款重修白水溪教會外，另建了岩前教會和解。俗話說，塞翁失馬、焉之非福，經過這起白水溪教會事件，反而促成長老教會在關仔嶺進一步發展，信徒也從原本以平埔族為主進而擴及漢人，於是一八八四年又新建關仔嶺教會。從這個角度來看，高長娶洪雅族人為妻，應具有拓展長老教會的用意在內。因此，高長婚後並沒有居住在關仔嶺，反而以台南市為基地，四處宣教。高家從他開始，除了高再得少數子女外，大都於台南市出生、長大，台南市成為高氏家族的基礎地，一直到陳明清娶了高錦花，高家才又與關仔嶺產生連結。明清山

我以明清建設名義前後在關仔嶺蓋了五批別墅型社區，名字都取為「雷諾瓦森林小徑」。這緣自於當時剛好印象派大師雷諾瓦一幅名畫拍賣，靈機一動遂拿來做為社區的名字，用意是想要加深社區的文化感覺，並與明清別墅的幽雅環境相互輝映。

莊興建時，也在社區入口處蓋了一間很漂亮的美式別墅，作為陳明清夫婦兩人渡假之用，一九六三年，陳明清卸任長榮中學董事長後與高錦花回到關仔嶺定居，一年多後，陳明清過世，高錦花遂定居關仔嶺，經歷了近百年歲月，高長與關仔嶺的機緣又再度結合起來，高錦花回到她祖母的故鄉，等於是回到她的生命源頭。

我與高錦花見面的地點就是這間美式別墅裡，這棟曾被一九七八年家庭裝潢雜誌創刊號特別報導讚譽為「道道地地的、富有個性的別墅」，第一眼就深深吸引我的注意，無論從建材、格局到室內裝潢擺飾，都具有一流水準，即便時至今日，仍足以與現在新興時髦的別墅匹敵。隨著我逐漸了解陳明清、高錦花家族歷史，我發現這棟別墅還具有串起高錦花與陳明清家族歷史橋樑的角色，透過有形的建物勾連無形的家族生命，就像清水蔡家的伯仲樓一樣，過去它是蔡家興盛時期的表徵，雖然一九三五年毀於地震，但並無損於它的歷史記憶，一九九〇年代台中縣立文化中心出版一系列清水老照片專輯時，父親提供許多與蔡家有關的照片，其中一張就是伯仲樓還未倒塌前的景象。

我曾向父親說：「我的心願是有朝一日要重建伯仲樓，讓歷史的記憶重新復活，成為蔡家與所有清水人的共同文化資產。」陳明清的美式別墅，我也是持相同的看法，並不只是因為它的背後反映了陳明清、高錦花家族生命，也是串連起我與關仔嶺關係的媒介，即使我與陳明清、高長無緣會面，但經由關仔嶺、高錦花，以及這棟別墅，穿越時空的藩籬，我仍能和他們交流，分享共同的歷史記憶。

超越當代視野　盡一己之力實現「創格」

這種潛藏在心裡的意識與感情，其實每一個人都有，只是我們並未察覺，並予以有系統的整理與開發，以致往往疏忽了背後所隱含的意義，就像一開始我並沒有計劃要在關仔嶺投資房地產，但是接二連三的「巧合」，從無心發現明清社區、友人介紹與陳良夫及其母親高錦花見面商談合作、祖父與姑媽在關仔嶺遊玩記事、父母親與陳明清在新竹相識到我與建雷諾瓦社區及進一步挖掘有關仔嶺的歷史，一點一滴的匯聚，觸動了我們內在的感知意識。這種感知意識，平時看不到、摸不著，卻無時無刻存在我們的潛意識層裡，隨時隨地等待我們的喚醒，只要我們用心感受，並且進一步探索，加以有系統的整合，就會發現那些看似偶然的訊息，或是難以解釋的巧合，背後都擁有相同的意義。這些意識是構成我們個別生命的一部份，並且也是我們與其他人交流的一個重要管道。

換言之，偶然的訊息、突來的巧合都是一種生命密碼。每個人都有自己獨特的生命密碼，同時也和其他人享有共同的生命密碼，甚至擴及於全人類間，每一個人都有若干相似的生命密碼。

從我們出生那一刻起，生命密碼就存在我們的潛意識層，當機緣來臨時，它自然而然會以不同的形式浮現，像是平常腦海裡閃過電光石火的意念，很多人並不以為意，或者有察覺卻疏忽，而錯失生命密碼想要傳達的訊息。

解讀生命密碼是件困難的工程，但並不代表無法做到，只要留心注意並傾聽，並且進一步探索與其相關的人、事、物、時、地的話，便能拼湊出初步的輪廓來，找到打開生命密碼的鑰匙，找到這把鑰匙，就能進入生命密碼系統裡，個個看似無關聯的訊息，經過重新編碼整理，便會產生有意義的關聯。而愈是系統化的編碼，得到的關聯性也就相對愈多，連結的範圍也跟著逐步擴大，得以穿越時空限制，悠遊於天地間，就像科幻電影裡的主角，雙手在平版電腦螢幕前，隨手抓取資料，拼湊出一幅一幅想要的圖像，取之不盡，用之無窮。生命密碼的訊息，透過系統化開發，予以重新編碼整理，可以讓我們更加看清事物的本質，進一步打開視野，提高格局，化為自信與力量來源。

如果每一個人了解生命密碼自始至終存在於自己的潛意識，並且隨時透過不同的形式傳遞訊息，等待我們去發掘、整理，愈多的重新整理、編碼的結果，我們彼此之間的連結也就愈廣，自信與動力的渲染範圍也會跟著愈廣愈強，帶動不只是個人生命的昇華，也不只是有助於實現個人的理想，而是擴及於整個社會、國家，猶如許多涓涓細流匯聚為河川，最後注入大海，一個新民族便於焉產生。

衡諸古往今來偉大民族，強盛國家的形成，並不是只靠軍事武力開拓版圖，也不是單靠財富累積國力，更重要的是精神與意識建造出偉大的國家。台灣做為華人新興移民地，並非自鄭成功開始，但鄭成功卻是第一位企圖要建構台灣成為東亞新興民族，也就是沈葆楨說的「創格」，同樣接下來的蔡惠如、林獻堂等人也都是要致力於建立台灣成為東亞新興民族，都是超越當時代的視野，盡一己最大之力實現「創格」的工作，雖然他們的理想並未完成，精神卻傳諸於後代，成為我們的資產。雖然他們對建構台灣成為東亞新興民族的途徑未必相同，方向卻是一致，意識也

解讀生命密碼是件困難的工程，只要留心注意並傾聽，便能拼湊出初步的輪廓來，找到打開生命密碼的鑰匙，

流傳在後代出生或是定居在台灣每一個人的血液裡，成為大家共同的生命基因。

歷史記憶的交集　地理能量的牽引

關仔嶺是我與陳明清、高錦花彼此分享台灣人生命基因及歷史記憶的交集點，但把時間再往前溯，就會發現關仔嶺在台灣開拓史上具有重要的指標意義，這點就從岩前教會開始說起。

岩前教會名稱由來是位於現在關仔嶺仙草里大仙寺之前。大仙寺，俗稱舊岩（舊巖），與俗稱新岩（新巖）的碧雲寺皆供奉觀世音菩薩，亦同為關仔嶺兩大信仰中心。大仙寺最早可追溯於一七〇一年從福建鼓山渡海來台的參徹禪師。一七四七年，由其徒弟鶴齡禪師募款創建佛殿供奉；碧雲寺則緣於一七九六年一位也是來自大陸的李應祥居士從大仙寺迎回觀世音菩薩供奉，其後受教於李應祥門下的八位儒生，為酬謝觀世音菩薩靈佑他們科舉中榜而於一八〇八年合資購地建廟。大仙寺與碧雲寺分別位於枕頭山西麓與南麓，兩地相隔不遠，大仙寺海拔高度略低於碧雲寺，為便於區分，遂以創廟時間先後分區稱呼「舊岩」、「新岩」。

大仙寺是關仔嶺地區最早寺廟，有關它的創建年代，一說緣於一七〇一年參徹禪師路經店仔口仙草埔，即今白河鎮大仙里，見當地風光秀麗，駐腳休息，遂暫將觀世音菩薩置放大樹旁石頭上，當他要起程時，發現神像如膠漆般緊緊黏住，怎麼請也請不動，參徹禪師因而就地結蘆供

(第三種郵便物認可) 昭和七年一月一日 臺灣新

臺灣藝術界的新人

將近完成的「女鋼琴家」高錦花女士

高錦花女士、臺南市人、自幼年入臺南新樓長老敎女學校、由普通部進於高等部、在學中對於音樂一途、頗有天才、是時就受該校敎師英人滿牧師夫人敎授指導、於大正十五年畢業該校後、乃負笈上京、入東京日本音樂學校鋼琴科、在學中頗用心研究、於昭和四年三月以優秀的成績畢業、高女士於在學中、就和新營郡白河庄陳明清君結婚、陳君現在東京留學、故女士依然滯在京繼續研究。每次歸臺的時候、則應臺南太平境長老敎々會聖樂隊之請、或該樂隊公開演奏會出演、或以個人敎授指導後學之人、高女士今年二十六歲、爲前途頗受矚目之女音樂家。

(高錦花女士)

1932年1月1日台灣新民報報導女鋼琴家高錦花女士。

奉，誦經勸化附近居民。另一說法則是，一七一九年參徹禪師自赤山龍湖巖迎請觀世音菩薩至仙草埔結蘆奉祀，誦經傳法，直到一七四七年才由徒弟鶴齡禪師集資建廟。

大仙寺創建年代，由於時代久遠，缺乏文獻佐證，難有定論，但可以確定的是參徹禪師為開山宗師，並且以仙草埔做為關仔嶺地區弘法傳教的基地。其後一七九六年鶴齡禪師徒弟李應祥再自大仙寺分靈於枕頭山南麓供奉，一八〇八年動工興建的碧雲寺，這是中國傳統宗教信仰在關仔嶺地區發展的濫觴。同樣的，一個世紀後，脫胎於宗教改革的西方傳統宗教信仰之一的長老教會，隨著台灣開放通商港口登陸台灣，自台南展開傳教佈道，再分別往北與往南推動。往北的路線在關仔嶺地區是先從店仔口傳教，最初教會便位於現今白河水庫附近的白水溪教會，一八七五年白水溪事件後，遭焚燬的白水溪教會雖已修復，但長老教會決議將教會重心轉至岩前教會，似乎也是有意以仙草埔為基地，進一步拓展關仔嶺地區的福音工作，因而十年後，於現在嶺頂再創建關仔嶺教會，最後成為關仔嶺教會重心。

一個是東方傳統佛教，一個是西方長老教會，在不同年代來到店仔口，都不約而同以仙草埔做為傳教的根據地，最後也都集結於關仔嶺嶺頂一帶。觀世音菩薩與基督耶穌在關仔嶺的發展路徑如此巧合相似，說明了生命訊息的普遍性意義，可以放諸四海皆準之外，特定地點比一般地點更容易匯集、傳遞生命訊息，其所轉化出來的能量也遠比一般地點來得強大。

要了解關仔嶺地理能量，並不是一件很難的事，只要經過台南縣路段，稍微用心一點就可感受得到。從北往南跨過八掌溪進入台南縣，或者由南往北，過了台南市，眼前就出現與丘陵地景觀迥然不同的寬廣平原，這裡便是嘉南平原的精華區（嘉南平原亦稱台南平原），一望無際的視線到了東邊被一座座平均海拔六百公尺以上的山脈給擋了下來。這座山脈屬於阿里山山脈延伸的烏山山脈，發源於嘉義縣阿里山鄉的台灣第四大河流，全長一百三十八公里的曾文溪，因為造山運動切割烏山山脈流入台南平原。遭曾文溪貫穿而一分為二的烏山山脈，最高峰是大凍山，海拔一千二百四十一公尺，是台南縣內最高峰，位於烏山山脈北端。

與台灣高山林立，三千公尺以上的高山就超過百座相比而言，大凍山只算是中小型山峰，但因為平原的相對襯托視覺高度，台南縣境內任何地方都可以看到大凍山的高聳身影，有如一條巨龍俯瞰著整個台南平原，而與大凍山毗鄰的枕頭山，高度六百四十八公尺，是烏山山脈北端與台南平原的交接處，也是台南縣的最北端，隔著八掌溪與嘉義縣交界。枕頭山地形獨特，四周坡度峻峭，山頂卻平坦，構成一桌形獨立山峰，關仔嶺便是位於枕頭山頂平坦處，海拔四百九十六公尺。

關仔嶺一名來自其地理形勢，亦即後有靠山——枕頭山與大凍山、前臨深谷，由閩南語「高」與「關」音近似輾轉而來，也因為此一具有獨立於山谷間的別有洞天形勢，過去關仔嶺又稱「鐵谷（國）」，取其自成一格，易守難攻之意。站在關仔嶺上，沃野千里般的台南平原盡收眼底，天氣好時，還可以看到數十公里外的台灣海峽。相反的，從平地的角度看過去，從北往南，過了八掌溪，台南平原外，視線也會被聳立在東南方的大凍山、枕頭山所吸引，山脈綿延不絕如城牆般一路往南迤邐數十公里，直到高雄縣岡山才與平原接合。如果從南往北，尤其是過了曾文溪後，東北方來的大凍山、枕頭山像是一面屏障，護衛著台南平原。

造成這種強烈視覺對比的最前緣正是來自關仔嶺，接著才是關仔嶺所在的烏山山脈，以及背後連接的阿里山脈、玉山山脈、中央山脈。

超越時空的生命連結

六百萬年前歐亞大陸板塊與菲律賓板塊擠壓造成台灣浮出於太平洋海面，其後菲律賓板塊由東南向西北方向前進，不斷擠入歐亞大陸板塊下方，一直到目前仍以每年約七公分的速率推擠台灣，台灣也不斷長大。到了二百萬年前，最大一波擠壓也是來自菲律賓板塊，但方向卻是由東向西正面碰撞。這一次碰撞又稱為蓬萊造山運動，除了形成海岸山脈外，中央山脈也愈擠愈高，隨著台灣地殼上升，岩層沈積變質褶曲，中央山脈西北方與西南方分別形成玉山山脈與雪山山脈。

其中玉山位於台灣地殼上升軸線，上升幅度最快。有些地質專家認為，玉山曾一度高達一萬公尺，後來因板塊擠壓運動，玉山山脈脊樑頂部出現斷裂，其尚未變質為沈積岩滑落到西側因而形成阿里山山脈，阿里山山脈再延伸出烏山山脈，使得最高峰的大凍山，有如雄獅盤據氣勢，居高臨下俯望台南平原，以及貫穿平原中部的曾文溪。這一片廣大平原，也像是整個隨著板塊運動、蓬萊造山運動推擠出來的中央山脈、玉山山脈、阿里山山脈、烏山山脈，從古至今、由遠至今，一層又一層、一波連著一波地理能量的宣洩口，到了十七世紀閩南人開拓台灣時才開啟閘門。

現在台南平原景象，雖然被高度開發伴隨而來的空氣等污染，以致視野不夠深遠透澈，大凍山、枕頭山與關仔嶺有時會隱沒於微塵浮粒中，與四百年前的氣象不可同日而語，但是生命連結本來就有超越時空的特性，想想看四百年前第一批短暫以台灣為根據地的顏思齊、鄭芝龍，以及緊接著而來開發台灣的鄭成功祖孫三代，不管是自北港登陸、還是由台南登陸，都會注意到大凍山、枕頭山與關仔嶺，並受其牽引。

顏思齊前往諸羅山打獵地點，就是位於八掌溪流域的烏山山脈北端，傳說中鄭芝龍就地埋葬顏思齊地點：將軍山，此一高度六十八公尺沙丘，又稱馬稠後，地名來自附近馬稠後聚落。將軍山是枕頭山、關仔嶺餘脈延伸的前端，地形屬於丘陵與平原交界處，與清代諸羅縣治隔八掌溪南北對望。

八掌溪發源於阿里山奮起湖，全長八十公里，卻是嘉南平原坡度最陡的河流，支流也最多，八掌溪一名便來自於此。八掌溪從上游二千公尺一路陡降沖刷下來的大量泥砂，造成河道數度變易，並在現今嘉義東石與布袋間遊走不定，注入台灣海峽。根據目前較普遍的看法，八掌溪大多數時間是從現今布袋鎮好美里，古名魍港地方出海。魍港至遲在十七世紀末是閩南移民台灣的主要登陸地之一。布袋地方傳說，早在荷蘭人入台前，魍港即是漢人與台灣原住民交易商品的會合區，在荷蘭人統治時，為了斷絕漢人與原住民交易往來，曾在魍港水道入口處建築碉堡。到了清朝統治初期，魍港成為閩南人新起的移民港口，再順著八掌溪一路向東拓墾土地，直到丘陵地邊緣，也就是前述所說的馬稠後。

馬稠後是白河地區最早開發地區，其後順著山勢走向逐漸往東南關仔嶺移動，最後於一八二〇年代的店仔口，也就是現在的白河鎮上集結為街市。所謂店仔口，指的是漢人進入關仔嶺山區開墾、與原住民交易的前哨站、集散點逐漸發展為街市，一直到現在白河仍是前往關仔嶺的主要出入口。

由此來看，顏思齊葬在馬稠後有其地理形勢可尋，它反映著十七至十八世紀時期，閩南人移民嘉南平原中北段路線的軌跡，北從北港溪、八掌溪，南至白水溪、曾文溪匯聚而成的倒風內海，也就是現今的北門、將軍、鹽水、麻豆、佳里一帶，各路閩南移民登陸後，向東發展，最後都匯集於關仔嶺四周。

馬稠後一帶則是其中最早開發的移民拓墾路線，現在行政區屬於白河鎮草店里，但在當時馬稠後聚落範圍很廣，涵蓋現在白河鎮甘宅里、內角里、竹門里、崎內里，以及嘉義縣水上鄉忠和村、義興村，族群也含蓋瀕八掌溪而上，以及由鹽水、麻頭而來的各姓閩南移民，馬稠後因而成了廣泛移民聚落帶。早在一七一五年諸羅縣知縣周鐘瑄就捐款資助興建水圳灌溉田地，到了日治時期，進一步擴大為具有現代化的水圳工程，成為日本政府引進蓬萊米栽培的最先試種地區，試種成功後再逐步推廣到全台灣各地。

衡諸古往今來偉大民族，強盛國家的形成，並不是只靠軍事武力或財富，更重要的是精神與意識建造出偉大的國家。

王得祿　蟒蛇轉世、造福鄉里

馬稠後一帶除了遺留顏思齊蹤跡與墳墓外，還與一位台灣老少皆知的著名歷史人物——王得祿（一七七〇－一八四一）有關連。

滿清時期，台灣人官位最高，位居一品者只有王得祿一人，因為平定蔡牽海盜之亂，原有福建水師提督之外再兼任浙江水師提督，其後再晉封太子太保。現在嘉義縣治太保市一名即是來自當時王得祿居住所在的諸羅縣溝尾庄太保村，或許因為如此，文獻都說王得祿是嘉義太保人；實際上，王得祿是出生於店仔口木屐寮。

綜合白河鎮文史工作者田野採訪考證結果所得，十八世紀間以王姓宗親居民為主的木屐寮部落，屬於溝尾庄一戶王姓富豪地主的佃農。王得祿本姓吳，小時因家庭窮困而過繼於王姓地主當養子，住在王姓地主的木屐寮公館內，交由王姓的長兄、長兄嫂教養。長兄嫂姓許，對王得祿疼愛有加，傳說是她認為王得祿為蟒蛇轉世，於是在王得祿十五歲時送回溝尾庄學文習武，從此奠定王得祿日後功名基礎。王得祿也知恩報恩，向清仁宗嘉慶皇帝奏請追贈長兄為振威將軍、長兄嫂為一品夫人，並將長兄嫂墓葬在大仙寺前方的一棵古樹前。

一八四一年鴉片戰爭爆發後，七十一歲的王得祿臨危受命抱病駐防澎湖，當年底便過世，清宣宗道光皇帝晉封為太子太師，贈伯爵、祭葬，追謚「果毅」。據王家資料指出，王得祿過世後，最初選葬地點是在馬稠後，一塊屬於王得祿三子擁有的土地，但不知確切原因，動工沒多久就放棄了，改以現今嘉義六腳鄉內做為王得祿墓地。

六腳鄉與新港鄉相鄰，在前一章提到新港鄉與北港鎮隔北港溪對望，與水林鄉同屬顏思齊登陸台灣的笨港範圍內，顏思齊建立的十寨，其中第十寨「土獅子」，六腳鄉人認為即是現在鄉內的塗獅村。就此看來，現在北港溪下游兩岸包括新港、六腳、北港與水林等鄉鎮都是顏思齊時期閩南人移民的活動範圍。顏思齊早逝，留下的事蹟少，直到一百七十年多後的王得祿才補上歷史空白，不同的是顏思齊是從中國移民來台，王得祿則是閩南移民台灣後代，建功立業於大陸，衣錦榮歸故里，致力於故鄉文化宗教活動。

傳說建於明末清初的新港天后宮，一八〇〇年遭北港溪洪水氾濫沖毀，王得祿主導重建新廟，一八一一年新廟落成，廟名「奉天宮」，據說便是王得祿奏請嘉慶皇帝御賜，現在奉天宮還保留他的一幅木製對聯：「聖慈皎皎煥湄洲風清月白，母德洋洋彌海甸浪靜波恬」。大約在奉天宮落成前後，王得祿出面調解地方互爭祭祀媽祖糾紛，一八三〇年他出面邀集現今新港鄉溪北、月眉、月潭、番婆、後庄仔、後厝等六村人士合建媽祖廟。新廟落成後，由於鄰近王得祿住家，這回由他親自取名為「六興宮」，並敬獻「水德增光」匾。幾年後，北港朝天宮進行整修工程，他也出面發動捐款，一八四〇年末代朝天宮重修落成，王得祿也敬獻「海天靈祝」匾，以及直徑九十五公分的大鼓、直徑七十八公分的梵鐘各一，現在這三樣文物成為朝天宮鎮寶之一。

北港、新港地區外，白河大仙寺、台南北門南鯤鯓代天府、嘉義朴子配天宮、台北萬華龍山寺等著名寺廟也都留有王得祿敬獻匾額。其中的大仙寺，王得祿共兩次贊助重修，分別為一八〇九年重建大雄寶殿，並敬獻「大發慈悲」匾懸於殿前，以及一八一九年與第四代主持允謙禪師共同發起整修。

王得祿獎掖文教也不遺餘力。一八三三年他贊助重修嘉義玉峰書院，兩年後再資助修建新港登雲書院。

清代諸羅縣內共設有四所書院，目前只剩玉峰與登雲兩書院部份遺蹟。玉峰書院設置年代最早，為一七五九年諸羅縣知縣李倓所創，書院名為玉峰，取其遙望玉山之意。登雲書院為一八三二年由王得祿發起官民集資興建，最早名為登雲閣，紀念王得祿功名平步青雲之意，一八三五年，王得祿再發起重修建為具有書院規模，始改名為登雲書院，並另建文昌祠。從此帶有歌頌個人功名意味的登雲閣銳變為公眾興學，啟迪教化的登雲書院，開啟新港地區文風。登雲書院雖在一八〇四年與一九〇六年兩次地震中被夷為平地，淪為荒地，一直到一九六三年才在原址興建文昌國小，但因為有著王得祿設立書院，提倡文教的歷史意義，使得文昌國小是全台灣唯一附設孔廟，供奉孔子神位的學校，現在嘉義縣每年祭孔大典便是在文昌國小舉行。一九八七年，陳錦煌醫生創設新港文教基金會，以本土化、社區化、學習化、國際化四大主軸規劃改造新港藍圖時，登雲書院成為凝聚新港人共同改造新港的向心力主要來源之一。

出生於白河的王得祿，功成名就後，回饋鄉里，時間集中於一八一〇至一八三〇年間，但他帶來的文化薪火香傳與歷史生命，卻一直流傳迄今，影響範圍，基本上仍以嘉義為主，並延伸至台南。但同樣也是從台南平原，以現在的台南市為出發點，年代比王得祿早一又二分之一世紀，但待在台灣時間比王得祿還短，日後影響卻更為深遠的是大家熟悉的另一位著名歷史人物——陳永華。

不識陳永華　英雄也枉然

陳永華（一六三四—一六八〇），出生書香世家，與鄭成功一樣棄文從武，對抗清朝，但一直到一六五六年兩人才見面。這一年鄭成功三十二歲、陳永華二十二歲，兩人一見如故，交談時局終日，愈談愈起勁，鄭成功非常賞識陳永華才華，譽為當今諸葛亮，遂延攬他做參謀，並且把鄭經叫來，對著鄭經說要以師相待陳永華，視為輔佐大臣，從此成為鄭成功父子貼身心腹，軍政大事，無一不與。一六五九年鄭成功攻打南京挫敗，召集高層軍事會議，提議東進台灣，將領大都反對，但陳永華了解鄭成功的用意，獨排眾議，主張鄭成功自行決定，進取台灣一事遂定。自一六六一年鄭成功入台起，陳永華實際主導經略台灣計劃長達十九年。

陳永華有系統規劃開發台灣藍圖，從民生經濟、海外貿易、社會組織到興文教學，舉凡擴大屯田政策、引進磚瓦、晒鹽技術、改良並提高蔗糖產質與產量、興建孔廟、獎勵文風等都按部就班依次進行，短短幾年間，台灣「地無遊民、番地漸拓、田疇日啟」，一片欣欣向榮，這是台灣進入歷史時期以來首度出現盛世景象。一六八〇年陳永華過世，台灣人「莫不痛苦、馳弔於家」。消息傳到北京，翰林學士李光地向清聖祖康熙皇帝上奏說，過去台灣一直拿不下來，是因陳水華「經理有方」，如今他過世了，「從此亡可待也」。果然三年後，東寧王朝政權便覆滅了。一六九七年郁永河來台灣，由台南一路往北至北投採辦硫磺，前後在台灣待了近半年，把所見所聞寫成著名的「裨海記遊」外，還特別為陳永華寫傳，主要即是他敬佩台灣在陳永華治理下，社會井然有序、經濟蓬勃發展。

郁永河寫的陳參軍傳裡，有段寫到陳永華過世前的神秘景象。那天一大早，陳永華命家人把客廳打掃乾淨，他沐浴更衣後，關上廳門，門外的家人聽到陳永華跪拜後自言自語，應答一來一往，最後長嘆一口氣說：「王朝不久會滅亡。」感覺很奇怪，陳永華的回答是上天囑付他主宰台灣全島，明天就得上任。隔天一早陳永華端坐於客廳椅子上而逝，傳說陳永華死後化為台灣城隍

大仙寺（上圖）與碧雲寺（左圖）分別位於枕頭山西麓與南麓，兩地相隔不遠，大仙寺海拔高度略低於碧雲寺，為便於區分，遂以創廟時間先後分區稱呼「舊岩」、「新岩」。

即由此而來。

史家譽陳永華為明鄭諸葛，源於鄭成功的說法，台灣城隍說則來自台灣人對他的感念，就像傳說陳永華化名陳近南創造天地會，儘管學者迄今仍無定論，但民間仍深信天地會起源於台灣，創辦人為陳永華，做為反清復明的民間力量，滿清時期無數次民變的領導人，大都拿著天地會招牌做為號召，影響所及包括後來孫文也是借助於天地會秘密組織力量，從事推翻滿清革命運動，被視為天地會分支的洪門，如今也決議陳永華即是天地會創辦人，每年到位於台南市孔廟對街的永華宮謁祖。香港著名小說家金庸(查良鏞)根據此一傳說寫成鹿鼎記，其中一句：「為人不識陳近南，就稱英雄也枉然」，讓陳永華的人格與歷史定位，更普為人知。

有關陳永華傳奇與傳說，真實與否屬於科學考證與理性分析範疇，現實與人性的感動來自生命傳承，而這一切都來自陳永華十九年的台灣經驗，沒有這個經驗的成就，再多的人為鋪陳建構出來的傳說，也無法一代代傳承，也無法產生感動人心，以及啟發創造的力量。然而我們的焦點往往集中於有形資產，以致對傳說與傳奇背後的無形資產，常用事實真假衡量，忽略了用生命網絡來看其中隱含的訊息。

文獻記載陳永華生活儉僕，粗茶淡飯，平時不善言語，說起話來有時還會結巴，但談起國家大事，卻判若兩人，慷慨健談、見解精闢，付諸行動時，決策果斷、貫徹執行。簡而言之，陳永華是典型的棟樑人才，胸有成竹、謀定後動，也有執行力。

以陳永華最為人知的創建孔廟為例。一六六五年陳永華向鄭經建議，台灣各項建設現在慢慢上軌道，應設孔廟創建學校。鄭經以台灣地小人稀為由並不贊成，陳永華反駁分析，設孔廟無關土地狹促，而是能不能廣招人才。其次，台灣沃野千里，懸居海外，民風淳樸，只要興學培養人才，不出三十年，便能與中國一較高下，何況現在人民生計無虞，接下來應開辦教育，國家才能世代昌隆。這一番話讓鄭經改變心意下令興建，一六六六年孔廟落成，即今天大家熟悉的「全臺首學」——台南孔廟。緊接著各級學校也依次就緒，八歲以上兒童入小學，此後台灣文風日益興

陳永華有系統規劃開發台灣藍圖，短短幾年間，台灣一片欣欣向榮，這是台灣進入歷史時期以來首度出現盛世景象。

盛。一六六二年，鄭成功取得台灣，四年後台灣就建立起一整套教育機構，時間之快速與規模之完備，一點也不遑讓中國歷代諸省，無怪乎後世史家一致推崇陳永華為明鄭諸葛，王佐之才。因此，當台灣歸納於清朝版圖，康熙皇帝下令鄭成功祖孫直系血親返回福建故居，也遷走了鄭成功、鄭經墳墓。鄭成功部屬中只有陳永華墳墓也被要求歸葬福建同安老家。

鎮守關仔嶺　帶動台灣運命契機

然而這樣一個富有謀略、眼界獨到的人才，做了兩件到現在讓許多人難以理解的決定。一是陳永華晚年定居並埋葬於現今台南縣柳營鄉果毅村；另一則是在六甲鄉創建龍湖巖。

一六六二年初荷蘭撤出台灣，鄭成功改台灣為東都，官邸設於安平，原荷蘭建的熱遮蘭城，則改名為王城。東都轄下設承天府、天興縣與萬年縣，涵蓋今之台南縣市與高雄縣。以此後鄭氏祖孫三代統治台灣二十二年間，仍維持一府二縣制，名稱有變，轄區不變。承天府治即今赤崁樓、天興縣治為佳里、萬年縣治為左營。雖然行政區域劃分天興縣北至淡水、萬年縣南至恆春，幅員廣大，但一府二縣的實際核心區域以台南市為中心，北至八掌溪、南至阿公店溪之間，大約與呈北寬南窄不規則梯形、東北西南走向的台南平原區一致。平原區東臨海、西界烏山山脈。烏山山脈北端鄰近平原區即關仔嶺、南端則與大、小岡山接軌，並延著西南方向下延伸至半屏山、壽山而終於旗津。在這片二千多平方公里土地上，鄭成功、鄭經令部屬分赴各地屯田，寓兵於農，自給自足，兼具防衛府城功能，而屯田政策主要規劃者就是陳永華。

從現今新營、左營一帶遺留有最多鄭氏部隊屯田地名來看，已點出陳永華規劃屯田背後的戰略思維，新營和左營分別具有一北一南的戰略要地，其中距離新營不遠的關仔嶺更是戰略樞紐，居高臨下，台南平原一覽無遺。當時的台南平原，實質上等同於台灣，掌控了關仔嶺就等於掌握了台灣，而烏山山脈屏障的台南平原呈現東北往西南走向，無形中也指出台灣的走向，從東北亞的大陸文明迎向新興的太平洋海洋文明，台南平原南端的左營代表著台灣走向海洋文明窗口的象徵，關仔嶺則是扮演著大陸文明轉化出來的新動力。

陳永華來台，所屬部隊駐軍地點在六甲。六甲指的是屯墾面積，從二甲、三甲至六甲、七甲不等，六甲位居屯墾中心，而成為地名。一六六五年相傳陳永華清晨常聽到唸佛聲，尋聲找到赤山山腳下一處小湖泊，遂建廟供奉觀世音菩薩，也就是台灣最早的佛寺——赤山龍湖巖，也是關仔嶺大仙寺、碧雲寺的祖廟。

台灣寺廟名「巖」者，年代大都久遠，也大多供奉觀世音菩薩。根據統計明鄭至清朝時期共有十八座，其中二座創建於明鄭時期。十八座古巖大多數位於濁水溪以南，嘉南平原四周制高點上。例如雲林斗六湖山巖、嘉義番路半山巖、關仔嶺舊巖與新巖、高雄岡山超峰寺（原名大岡山巖）、屏東新園赤山巖。其中以赤山龍湖巖年代最早，寺廟規模雖不大，迄今仍是台灣佛教聖地，每年農曆二月中旬起，一連近十天來自各地的進香團絡繹不絕，俗稱拜萬佛。換言之，「巖」本身具有宗教啟蒙與傳承意識，也可以稱為法脈。法脈是天道傳承，呈現於人世間是法統，法脈與法統一體兩面，治國者經常依據地理、人事等不同形勢交互運用取得力量。

陳永華創建龍湖巖所在的地方，鄰近烏山山脈北段、南段交界處之赤山，曾文溪上游便從附近穿越，一九二〇年日本工程師八田與一（一八八六－一九四二）便是利用曾文溪支流官佃溪流經烏山頭一帶興建水庫，一九三〇年完工的烏山頭水庫是當時全球最大的水利工程，而因烏山頭水庫水源而來的嘉南大圳，有效改善台南平原十萬甲耕地，成為台南平原的生命之河。

赤山龍湖巖與烏山頭水庫兩地相距不到一公里，現在許多前往烏山頭水庫觀光的遊客，從第二高速公路烏山頭交流道下來，很容易疏忽佇立於縣道旁不起眼的龍湖巖山門，直接前往景色怡人的水庫區，瀏覽山光水色，殊不知兩地之間存有無形的連結，遠至陳永華、近至八田與一，不同國籍，不同世代，背後都有相同的故事結構。

在陳永華部份，開啟赤山龍湖巖，也預先開啟自龍湖巖一路至關仔嶺舊巖大仙寺、新巖碧雲寺、再到岡山超峰寺，與烏山山脈走向相同，宗教與山水地理結合為一發展軌跡隱然可見，而形成一道守護台灣的意識屏障。在八田與一部份，出生日本，卻留芳千古於台灣，一生奉獻於台灣

關仔嶺地區最早的長老教會是甘為霖在一八七四年創建的白水溪教會。經過白水溪教會事件，促成長老教會在關仔嶺進一步發展，信徒也從原本以平埔族為主進而擴及漢人，於是一八八四年又新建關仔嶺教會。

水利工程，最大成就是烏山頭水庫與嘉南大圳，他殫精竭慮運用烏山山脈與曾文溪山水資源，化為滋潤大地的養分，養分再轉化為人們的力量。

一九四二年八田與一赴菲律賓途中，所搭乘軍艦遭美軍擊沈，骨灰並沒有回到日本，而是運回台灣，顯示他對台灣的感情認同，三年後，他的妻子外代樹選在烏山頭水庫完工九月一日清晨，縱身跳進水庫放水口，繼八田與一之後也化為台灣魂。烏山頭水庫完工時，全體工作人員在水庫旁製作八田與一銅像，表彰他的貢獻，一九四一年底太平洋戰爭爆發，日本政府下令上繳金屬製品以供前線軍需，八田與一雕像也不例外，但被人偷偷藏放在隆田車站倉庫裡，一九八一年重新放回原處，雕像裡的八田與一，席地而坐，右手頂在膝蓋上，手指輕柔眉毛，兩眼凝望著前方水庫，彷彿構思下一個水利工程般的專注。在這一刻他已是道道地地的台灣人，身心與烏山、水庫、曾文溪、台南平原合而為一，接受後世人們的崇敬，並啟發他們的心靈。

如果說陳永華是台灣城隍，八田與一便是台南平原的城隍，或者也可以說是繼承了陳永華的台灣城隍精神，歷史生命網絡便是如此奧妙，不論國籍之分、無論時代差異，也無關身分尊卑、富貴貧賤，只要在同一地點，每一個人都可以感受生命能量，問題只在於如何善用而已。

陳永華運用得更為淋漓盡致。六甲號稱台灣磚瓦之鄉，磚瓦製造業從清代就發達，到了日治時期，成為台灣磚瓦生產重地。到現在年老的人還記得當年二甲、七甲兩村落，磚瓦窯廠林立，上百支煙囪冒出的白煙遮蔽了大半天空，載運紅瓦的牛車絡繹於途的景象。而奠定六甲磚瓦業正是陳永華，他自己也住在與六甲相鄰的柳營果毅後，柳營與果毅後都是屯田舊名，現在稱為果毅村，這裡也是陳永華死後安眠之處。清朝入主台灣，遷葬於廈門，成為墓墟，僅留墓碑。一九五四年陳氏宗親於原址重修，立原碑為誌，碑文上寫著陳永華官銜：「皇明贈資善大夫正治上卿都察院左都御史總制咨議參軍御史謚文正陳公暨夫人淑貞洪氏墓」，官銜很長，說明了他在東寧王朝的無可取代性，就像一九七二年政府重修時，台灣省議會議長蔡鴻文題「啟我臺疆」短短四字，劃龍點睛說出他在台灣歷史的地位。

陳永華應是在一六八〇年遭馮錫範、劉國軒聯手設計解辭兵權，並交出政務決策權後移居果毅後，居住的時間並不長，但六甲與柳營也可以說是他的第二故鄉。由龍湖巖順著小路往西北方向走，不一會就到六甲果毅後，再延著一六五縣道北上，幾公里後，便可抵達關仔嶺山腳下的白河鎮，似乎冥冥中早已預告陳永華鎮守關仔嶺，佈局台灣的安排。在這裡陳永華改變了自己命運，創造出屬於自己運命的同時，也帶動了台灣運命契機，從而也豐富了創造天地會傳奇。到此，傳奇是真是假已不再那麼重要，而是傳奇背後傳遞生命訊息，會隨著時間一代又一代流傳下來，化為無形資產留給後人開發。

長老教會宣教師　奠定基督的先驅

一六六〇至一六八〇年陳永華從台南平原南端進入關仔嶺；一八一〇至一八三〇年，王得祿自關仔嶺到嘉義，最後又受故鄉關仔嶺牽引，贊助大仙寺修繕、追封長兄嫂、厚葬元配范夫人，地緣軌跡屬於台南平原中北端。陳永華與王得祿兩人相差近一個半世紀，生命網絡軌跡都與關仔嶺有關，就已令人驚嘆，一八六〇年起，來自西方的長老教會登陸於台南後，也步上相同的軌跡，就更加令人神奇了。

一六二四至一六六一年荷蘭人統治台灣時，基督教也跟著傳入，傳播福音對象以西拉雅平埔族為主，兼具有信仰教化與輔助荷蘭殖民目的。從一六二七年喬治・甘治士（Rev.Georgeius Candidius）第一位來台宣教師，宣教區域以台南週遭新港、麻豆、佳里（蕭壠）、新化（大目降）、善化（目加溜灣）、玉井（大武壠）西拉雅族六大社為主，逐步擴及於屏東、嘉義一帶，一六四〇年代後越過濁水溪到彰化，但皈依基督教人數遠不及於西拉雅族六大社。其後因為鄭成功入台，基督教傳播也跟著中斷，直到一八六〇年代台灣開放與西洋通商，長老教會才再度來台。

一八六〇年台灣漢人本土社會已經成形，經濟快速成長，社會結構與荷據時期殖民社會迥然不同，西拉雅族不是完全漢化，便是從台南平原中心移往東邊丘陵、山區，來自為數眾多的新移民也隨後跟進開墾。類似這種開發景象，全台灣各地到處可見，因而吸引英國與加拿大長老教會派遣宣教士來台。一八六五年六月，英國長老教會首任駐台宣教師馬雅各（James L. Maxwell）（一八三六—一九二一）抵達台南；七年後，一八七一年來自加拿大的馬偕（George Leslie Mackay)（一八四四—一九〇一）從淡水上岸；一八九五年英國籍的蘭大衛（David Landsborough)（一八七〇—一九五七）從台南上岸後直赴彰化展開傳教。

這批先後來台灣傳教的長老教會宣教師更有宗教熱忱，一生最美好歲月都給了台灣。面對這

當時的台南平原，實質上等同於台灣，掌控了關仔嶺就等於掌握了台灣，台南平原南端的左營代表著台灣走向海洋文明窗口的象徵，關仔嶺則是扮演著大陸文明轉化出來的新動力。

個新興地區，他們以行醫做為傳教觸媒，用白話文做為溝通橋樑，以熱誠與服務吸收信徒，傳教對象也從平埔族擴及於漢人。在他們的努力經營，長老教會快速成長，成為現在台灣最有影響力的西方宗教，台灣第一所現代化醫院、第一所中學、第一所神學院、第一份報紙、第一間盲啞學校、第一本台語聖經都在他們手中奠立。創造這些第一記錄都集中在台南的馬雅各、甘為霖、巴克禮（Thomas Barclay)(一八四九—一九三五）三位宣教師身上。

馬雅各待在台灣近八年，連同二子馬雅各二世（James Laidlaw Maxwell, Jr）（一八七三—一九五一）服務於他父親創建台灣第一所西式醫院——台南新樓醫院十三年在內，父子二人共在台灣二十一年；甘為霖是一八七一年來台灣傳教，前後長達四十四年。巴克禮時間更久，從一八七五年來台後到一九三五年去世，六十年的歲月都奉獻給台灣。這三位宣教士從台南市為中心向外傳道，奠定日後南台灣長老教會發展規模，現在南台灣地區數十間近百年或百年以上的教會，大都由他們三位親自創建，或是其信徒、信徒後代所創建。

長老教會在台灣第一間教會是一八六五年六月馬雅各於台南看西街創立，馬雅各以看西街診所兼教堂為中心，近八年傳道區域大致以台南新化、左鎮與高雄鳳山、旗津為重點。巴克禮活動範圍大都在台南市，以推動白話文傳播福音及培養教會人才為志，一八八〇年創建台南神學院後，巴克禮擔任校長一職直到一九三四年退休為止，對日後長老教會發展有極大貢獻。

甘為霖是三人中傳道範圍最廣宣教師，不畏艱難到各地建立教會據點，但似乎對關仔嶺地區獨有情鍾。以白河為中心方圓十公里內，就有七間超過百年以上教會，都是甘為霖開發出來的據點，其中五間在關仔嶺一帶，除了前述白水溪、岩前、關仔嶺教會外，還有白河（一八八七年創建）及東山教會（一八八四年創建），是台南縣內百年以上教會最多的地區。

如果說馬雅各是開啟長老教會台灣傳教的里程碑，巴克禮就像是傳教的建築師，而甘為霖則是開拓先鋒角色。一八七一年十二月他到台灣後沒多久，馬偕也在淡水上岸，兩人一南一北致力於推展長老教會信仰版圖，也同時深入台灣社會基層，與販夫走卒打成一片，對長老教會成為台灣規模最大、範圍最廣的西方宗教，甘為霖與馬偕兩人功不可沒。

受限於史料的不足，我們無從確切得知甘為霖投入很多心力於關仔嶺地區傳教的背後思維，但可以確定的是經過他百折不撓的努力，關仔嶺成為當時台南縣北部長老教會的重心，也因此一淵源，孕育了日後陳明清、高錦花成為基督徒，並埋下陳明清以推動長榮中學為志的生命DNA。

陳明清女兒陳美滿回憶其父親的書房裡，宗教書籍比法律專業書籍還要多，佔據了書房大半空間，她有時會感嘆她的父親雖然專精於法律，卻因對長老教會熱愛與投入，卻變為副業，宗教反而成了正業。這讓我想到陳永華創建龍湖巖，連帶的也造成傳說龍湖巖是天地會的起源地，雖然究諸於史實，龍湖巖為天地會起源地一說，顯係應為後人附加之說，但因為陳永華，傳說才得以產生，傳說也才有意義，而不是純為鄉野閒談故事。就像一九六〇年代，基督教新起的靈恩運動（Charismatic Movement），注重以在地語言與上帝對話，以及透過神蹟行醫方式感受聖靈。靈恩運動從美國向外傳到世界各地，掀起熱潮，台灣也不例外，而關仔嶺教會正是當時台灣靈恩運動的主要據點之一。

找尋生命樞紐之地　發現台灣未來的樞紐之地

一個偏遠山區的小教會會在新興基督教運動裡扮演重要角色，背後一定有其脈絡可尋；就如陳永華創立赤山龍湖巖，以果毅村為終老之處，背後也一定有其思維考量。這種內心思維，有的可以從留下的文字記錄裡找到線索，然而當只有隻字片語記錄，甚至記錄付之闕如時，無形的歷史生命網絡便成為解答此一脈絡的指南，生命網絡裡的DNA則提供線索的來源。了解到這一層關連，很多看似無法理解的事情，或是介於傳說與事實間的事情，便有如柳暗花明又一村般明亮起來，心裡發出：「喔！原來如此」的回聲，於是很多看似不明白的事情剎那間提綱挈領般一下子串連起來，同時心領神會其中蘊含的意義。

我因為投資關仔嶺土地開發，開始了解當地人文史地，並順著關仔嶺往外幅射，時間也由日治時期上溯至明鄭之前，甚至遠古時代的造山運動，每多挖掘出一份資料，內心就多一分收穫，最後終於了解到這一切皆與關仔嶺有關。關仔嶺是我的遇合之地，透過關仔嶺我得以穿越時空藩籬與前輩們及大地山水間對話。這些前輩們走過的路指引出我未來方向，成功的做為借鏡、失敗的引以為鑑、再由我接續實現，交棒給下一代，如此過去的人不再是沒有生命的文字，而能繼續活在現在。同樣的，關仔嶺不再是礦物質組成的生硬石頭，河流也不只是氫氧化學元素的組合，

水火同源是許多人對關仔嶺的第一個聯想。

而是轉化成為來此的每一位前輩，開拓其人生的能量來源，雖然他們總有一天會遠去，意識仍依附在山水大地裡，等待下一位來者再轉動生命之輪，一代接著一代傳承，生生不息。

轉動此一生命之輪，看似大都來自偶然的際遇，實則背後有無形的牽引。我從未料想到會來關仔嶺，但是所有線索都指出我來關仔嶺不是偶然。父親會與陳明清認識，來自長老教會的因緣，而父親與祖父成為基督徒是緣於追求生命的本質。就像陳明清從關仔嶺到台南，再到日本留學，認識蔡培火，並與高錦花相戀結為夫妻。蔡培火、蔡惠如也是相識於日本，結為好友，兩人對台灣民族運動與文化推動志同道合，也同時因治警事件坐牢。數十年後，陳明清、高錦花返回台南，晚年定居於關仔嶺，我才得以認識高錦花，接續明清別莊土地開發，無形中也等於是把清水蔡家、白河陳家與台南高家連結起來。當陳明清、高錦花從關仔嶺出發展開他們的人生，繞了一圈後他們又回到最初的故鄉關仔嶺，而我則是從清水成長、台南發展，最後也是來到關仔嶺，領悟出台灣豐沛的生命能量，關仔嶺也等於是我的心靈故鄉。

在關仔嶺，我得以與陳永華、八田與一、陳明清等那些致力於延續鄭成功創格志業的前輩們進行知性與靈性的對話。因此，我到關仔嶺時，陳明清雖已不在人世間，但我依舊可以感受到他的存在以及他的雄心壯志。佇立於赤山龍湖巖前，聽到廟裡傳出來的誦經聲，彷佛景象也回到三百多年前，陳永華也站在這裡聆聽、沈思建構他對台灣的佈局；不一會又彷彿依稀看到八田與一家六口坐車來到龍湖巖，這是他建造烏山頭水庫，閒暇時帶著家人來散步的地方。每次來到龍湖巖時，八田與一會向太太外樹代說，每一個人都需要宗教，接著對孩子們述說釋迦牟尼建立佛教的故事。而從關仔嶺碧雲寺、大仙寺一路下山經過白水溪，當年甘為霖、高長也是走這一條路，來來回回挨家挨戶傳道。再往北走接上第二高速公路水上交流道，一路上三百年來從北港、東石、布袋上岸的閩南人沿著八掌溪向關仔嶺一帶移民足跡，並不因為道路拓寬、換成柏油路面而消失不見，就像到了馬稠後，似乎仍然可以感覺得到顏思齊大口飲酒，豪氣如雲的聲音，迴盪在山林裡。這些縱橫於關仔嶺地區，三百多年來來往往的先人們，從他們的身上我看到自己的未來，這種知性對話與靈性感受的過程，其實也就是回到自己內心與深層意識對話，找尋在台灣土地上大家共有的生命DNA，也找尋屬於自己特有的生命DNA，然後自信又勇敢繼續往前邁進。

對我而言，關仔嶺是此一無形生命能量牽引的樞紐，在這裡清水與台南、蔡家與台灣、我與台灣運命匯聚一起，讓我更加認識自己以及未來方向，我何其幸運，有許多前輩身影與我一起往前邁進，就不會因一時挫折而灰心，不因短暫失敗而喪志，也不會因成功而志得意滿，因為還有更遠大的目標要完成。換言之，每一個人都應找尋牽引自己生命的樞紐地方，那是我們內心裡的靈山，生命與力量的泉源。當每一個人都能找到自己的靈山，集合起來的結果，一個新的民族便自然而然形成，一個新的認同也於焉誕生，就像一九三〇年三月烏山頭水庫落成時，八田與一為殉職員工的紀念文裡寫著：「雖諸子同為犧牲之殉工者，但以一死竟克鼓舞從業工程人員之志氣，終使此項工程得以竣工，此又可謂偉大矣」後，看著嘉南大圳流經台南平原的壯觀景象，他很感性的接著寫：「噫噫。彼淙淙之曾文溪水，蜿蜒之長堤，蘊藏汪汪美麗潭水，拜奉隨時之灌溉給水，滾滾環流無止盡。以此言之，諸子之名亦不朽矣」。從精神層面來說，何嘗不也意味著八田與一和那些興建水庫的工程人員，他們在台灣找到了屬於自己的生命樞紐之地，從而偉大、從而不朽。同樣的我，因為在關仔嶺找到自己生命樞紐之地，也進一步發現台灣未來的樞紐之地。

第五章

新故鄉運動

日月潭風景秀麗、寺廟雲集、中西合璧、地靈人傑是台灣排名首位的高山湖泊。環視台灣的山川地理，參酌前人的神話傳説，從水沙連到現在大陸客的觀光聖地，日月潭成為台灣統合能量的新故鄉。

如果説日月潭是台灣意識中心，拉魯島就是中心的中心。邵族人視此島為祖靈住所、新世界的發跡地。漢人移民進駐後，被視為風水寶地，名為青龍、珠嶼，取雙龍搶珠之形與義，吳光亮更搶先一步在島上興建正心書院。日本人治台更名為玉島，取其與玉山遙相呼應，日月潭發電工程動工後，為祈求施工進行順利，在原書院基地上興建神社，祭祀女神市杵島姬命。戰後蔣介石退守台灣，改名為光華島，期望吸日月光華之能源，矢志光耀中華民國。

邵族、漢人、日本人與戰後大陸移民，都對日月潭與拉魯島有著共同的崇敬，不受時空隔絕、族群差異影響，意識精神傳承力量之大，確實難以想像。而由日月潭往東延伸出來的台中市，則是新興台灣的統合中心，隱喻著串連全球各方，匯聚為一的意象。

二〇〇八年四月二十一日媒體的一篇報導，生態環保團體在玉山拍攝到一隻白水鹿蹤影。三百多年前邵族祖先因追逐白鹿而發現日月潭，從此白鹿成為邵族的聖鹿。如今拍到白水鹿，代表著多年保育生態有了具體成果之餘，也讓保育人員十分興奮，感覺好像是邵族相傳的聖鹿重現於玉山。

台灣水鹿（Formsoan Sambar）是台灣原產最大型草食動物，與台灣梅花鹿（Formosan Sika Deer）同屬台灣特有亞種。荷蘭尚未據台之前，平原與山野間處處可見成群結隊的梅花鹿與水鹿，原住民捕捉製成鹿肉、鹿皮及鹿角，與閩南人交易換取鹽、布、瑪瑙、磁器等生活、配飾用品，閩南人再將它們轉口貿易至中國內地及日本等地。荷蘭統治台灣三十八年期間，台灣是荷蘭東亞貿易的轉運站，一艘艘載滿來自中國的絲織品、瓷器於大員（台南安平）完成交易後，駛向日本或是開往雅加達，再航向歐洲。這些為數眾多的商品只是路過台灣的舶來貨，鹿皮與鹿製品才是最早「Made in Taiwan」的貿易品，在台灣迎向海洋世界中扮演開路先鋒的地位。

荷據殖民政府看上鹿皮附加的經濟價值，開始有計畫獵捕，一躍成為台灣最大宗出口商品，鹿肉及其他鹿製品主要銷往中國；鹿皮則幾乎全數銷售日本，供製作武士所用的刀鞘、甲冑，最高記錄一年曾輸往日本十五多萬張鹿皮，最低也有五萬張鹿皮，成為歲收大宗。這筆歲收由教會牧師掌管，主要用來支付教化原住民、宣揚基督教的經費。

啟動台灣的能量　視為實踐個人小我與群體大我的新國度

在當時，宣揚基督教是西方新興國家拓展殖民地的主要目的之一，荷蘭也不例外。一六二五年，也就是荷蘭入據台灣後隔年，大員行政長官就要求派遣宣教士來台，兩年後，第一任牧師干治士（Georgius Candidius）抵達台灣，正式展開傳教工作，台灣因而成為亞洲第一個基督教宣教區。干治士將西拉雅語翻成羅馬拼音文字，編撰聖經、祈禱文等基督教教材，俗稱「教冊仔」。以羅馬拼音說、寫西拉雅文，很快得到西拉雅人認同，相對的也讓甘治士的傳教工作進展順利。荷蘭人統治台灣三十八年間，巴達雅聯合東印度公司總共派遣三十二位牧師來台創建教會、學校，其中著名的除了干治士外，還有尤羅伯（Robert Gunius），兩人加起來共在台灣待了近二十四年，奠定了基督教日後成為台灣西方宗教最大勢力的基礎。

荷蘭時期傳教地區範圍北至彰化、南至恆春，但以現今台南縣市交界附近鄉鎮市包括大員（安平）、新港（新市）、蕭壠（佳里）、目加溜灣（善化）、大目降（新化）、麻豆（麻豆）、大武壠（玉井）等西拉雅原住民部落為中心，其中又以新港、麻豆宣教成效最出色。東印度聯合公司曾計劃要在麻豆創辦神學院，後因鄭成功攻打台灣而告作罷，但在甘治士、尤羅伯將西拉雅語羅馬拼音化下，西拉雅人也把它運用來與漢人訂定土地買賣契約，俗稱「番仔契」。

一九三三年日本學者村上直次郎將蒐集到的一〇一件「番仔契」編輯成「新港文書」，成為研究西拉雅文化的珍貴史料。

干治士在地化的傳教模式啟發了日後長老教會台灣傳教經驗，一八七三年甘為霖牧師前往中台灣傳布福音、宣教，成為第一位抵達日月潭的西方人，後人便將日月潭取名為「干治士湖」，紀念他對台灣傳教的貢獻。干治士、甘為霖兩人在不同時代都扮演不同形態的第一人，彼此際遇未必相似，但都同樣盡力完成扭轉的機遇之合，努力實現各自更大的目標，台灣因為他們而改變了命運，在干治士時期是原住民的西拉雅人、甘為霖時期則是來自中國閩南地區的新移民，族群不同，命運轉為運命的走向卻相同。

干治士、甘為霖就像鄭成功、陳永華、馬雅各、高長、沈葆楨、王得祿、蔡惠如、八田與一、後藤新平等人都屬於「台灣第一人」的先驅者，他們有堅強的信念，關切時代脈動與台灣發展方向，並不以現況成就為滿足，而是從所在地出發，企圖要把台灣與時代結合一起，產生更大的推進力量，追求更好的夢想。他們來台灣有的是偶然、有的是受使命感驅使、有的是在此落地生根，也因為境遇不同，結局與成果也各異，然而共同的特質是他們一到台灣，都把台灣視為實踐個人小我與群體大我的新國度。台灣有如磁鐵般的吸力，無形中吸引著他們前來，進入磁場後便再也走不開，反而想要強化台灣磁場吸力，吸引更多焦點的關注與投入，綻放光采。與甘治士

日治時期日月潭邵族人與獨木舟。

同一世代，但稍晚來台灣，活動範圍大致相同的一位中國文人，有「開台文化祖師」之譽的沈光文（一六一三—一六八八），可以更加襯托此一特質。

浙江人的沈光文是南明時期的著名學者，與福建人的鄭成功分屬不同政治派別，各自擁護福王朱由崧與唐王朱聿鍵，而彼此不對盤。一六四五年，福王政權垮台，沈光文先到廣東投靠桂王朱由榔，四年後又避隱金門，最後決定坐船到泉州定居，沒想到出海遭遇颱風漂流到台灣。當時台灣受荷蘭統治，亡國之恨與思鄉之情的雙重打擊，沈光文有志難伸，等到鄭成功、鄭經相繼入主台灣，他又不想入朝做官，也無意提供政策建言，四處隱居過著近乎自我流放的生活，最後落腳善化定居，結社吟詩、著書之餘，他也開辦私塾教閩南新移民、西拉雅人學中文。

沒想到這個人生中的意外際遇，改變了沈光文的運命，他成了引進中華文化至台灣的第一人，留下來對台灣風土人情等著作，成為現在研究荷鄭時期的珍貴文獻，就如同比他早一世代來到善化等地傳教的干治士，因為運用羅馬拼音文，促成「新港文書」誕生，而成為後代的文化與歷史資產。不同的是，荷蘭殖民政府傳教獲得重大進展，想要進一步創辦教會學校卻碰上改朝換代，無疾而終，沈光文一開始也沒有興學教化的計畫，台灣改朝換代，從異族人回到中國人手裡，他選擇做自己，抒志於詩文，寄情於教學，終而在台灣歷史上取得一席之地。

荷蘭殖民政府計劃在麻豆創辦教會學校，著眼於麻豆是西拉雅的最大部落，勢力最為強大。沈光文以善化做為晚年定居之處，背景與鄭氏父子招徠閩南移民有很大關連。大批來自閩南的新移民逐漸從大員、府城往北拓墾，善化是拓闢路線必經之地。荷據與鄭氏時期，同處於台南安平的麻豆、善化，因為時勢改變，地位也起了變化。沈光文來台後無人能確切其停留居所，最後以善化為居，可以合理推測絕非偶然。沈光文來台的際遇並不如意，自我流放生活，不代表他放棄追求更好的人生機遇；相反的，他看到了時勢，選擇交通要地的善化，從事文化啟蒙工作，時勢與地理山水的結合，從而扭轉他的命運。

沈光文是引進中華文化至台灣的第一人，留下來對台灣風土人情等著作，成為現在研究荷鄭時期的珍貴文獻。

現在善化的慶安宮，這個被列為國家三級古蹟的媽祖廟，據傳即是當年沈光文興學設教之地。為感念他的興學起文之功，一九八二年，廟方通過設立「沈光文紀念館」，立其像並蒐集陳列其詩文作品，供人瀏覽之外，也決議將沈光文入祀，與五文昌帝君合祀，成為全台灣唯一的六文昌廟，每年農曆八月中旬舉行祭典。這項祭典本來是由創立詩社——「聚奎社」的後代子孫輪流奉祭五文昌帝君，一九四〇年代末因太平洋戰爭爆發後中止，一九八二年將沈光文列入第六文昌帝君，並配合新廟改建落成，才重新恢復。

民間信仰裡的五文昌帝君，指的是梓潼帝君、孚佑帝君（呂洞賓）、文衡帝君（關羽）、朱衣神君與魁斗星君，職掌求學考試、科舉功名，是讀書人的守護神。沈文昌當時恐怕不會想到有天他會在台灣升格為神，受人祭祀。不僅如此，善化鎮內有很多商店以其名「光文」、或以其字「文開」為名，沈光文也應沒有料到他的名字會永傳留世，而這一切源於他把人生際遇，轉化為遇合，以善化為最終定居之地。巧合的是，「慶安宮」據傳曾是荷蘭傳教士在善化設立羅馬拼音教學所之處，現在慶安宮廟埕前還留有據傳是荷蘭所開鑿的一口水井，慶安宮因而引以為據，證明該地為人文薈萃之地。

慶安宮是否為荷蘭傳教所設立位址，或是沈光文興學之處，需要文獻史料的證實，屬於學術考證範疇。但是，認不認為、相不相信則是住民的集體意識與主觀感受，端看從哪一個角度來衡量，重點是不能只看單一面向，如此便失去了解背後的意涵。麻豆與善化都在十七世紀台灣開發過程中扮演同等重要的角色，來自地理位置所賦予的能量，無形中導引干治士等荷蘭傳教士想要在麻豆設教會學校、沈光文在善化興學。彼此處在不同世代，都不約而同運用麻豆、善化的能量，進而擴及於四方，實現理想的意念，使得他們能跨越時空的藩籬相互交流，能量也得以持續累積，留待後人加以擴大運用，文化傳承才會起了積極意義，傳說也會昇華為有意義的故事，於是小至個人、中至族群、大至世界，逐步塑造出共同的價值、分享共同的意識，進而提升了整體的生命境界。

干治士、甘為霖兩人在不同時代都扮演不同形態的第一人，彼此際遇未必相似，但都同樣盡力完成扭轉的機遇之合，台灣因為他們而改變了命運。

一隻鹿 改變台灣歷史、啟動台灣運命

台灣的特質與可貴之處即在於此。因為海洋地理位置的獨特性與住民的多元性，比其他地區更具有整合陸地文明與海洋文明的優越性，台灣成了東、西方文化交流與融和的會合區。

在十六世紀起新興西方海上強國以台灣做為打通東方中國的前進基地之前，台灣島上的南島語族原住民早已縱橫太平洋各島嶼數千年之久，累積了豐富的海洋經驗，擁有無數的神話與傳說。台南新市南科園區內最近出土的考古遺物發現十餘萬顆距今四千五百年至五百年前的稻米化石，顯示南島語族住民已開發出種稻技術，並與中國往來密切。隨後而來的閩南住民，對海洋並不陌生，更有冒險的勇敢精神，同時身上也流著數千年陸地型中華文化的血液，到台灣只與中國一海之隔，黑水溝雖然波濤洶湧，並非天塹難渡，不像英國之於美國、英國之於澳洲，移民者與流徙者建立起的新國家，與母國相隔萬里海，歲月一久，臍帶的連繫就如風中斷線的風箏，因而減少文化傳承的深度與廣度。

台灣剛好相反，她有海洋的進取性，也有中國的穩重性，不同時間、不同地區、不同民族來的住民，不但都能在這個島上安身立命，還可以創造出更多的附加價值。尤其是進入十七世紀後，生命力的展現一次比一次搶眼，自成一格，但也不自外於世界，最大關鍵在於她擁有無窮的

想像力與豐富的創造力，就像五文昌帝君增為六文昌帝君，既延續傳統中華文明，也開創了台灣特色，也像基督教、天主教的本土化，並沒有失去其教義精髓。台灣像海洋般的胸襟包容與吸收各種外來文明，也仍可以保有和維持自我文化，兩者並不衝突，而是相互揉合，產生更大的創造力，啟動更多的能量。如果說海上貿易打開了台灣邁入新世界的巧遇，台灣大地是啟動創造力與能量的際遇，那當第一張鹿皮從大員港出口到日本時，便是扭轉台灣運命的起點。一隻鹿可以改變歷史，創造歷史，似乎難以想像，可是一粒沙都是一世界，便不再是遙不可及，像是活蹦亂跳的白水鹿現蹤於玉山群峰間的寫實，那它所傳達的意含就不只是生態保育的層面，而是台灣正進入另一個遇合之機的訊息。

海拔三．九五二公尺的玉山，自然地理上是台灣第一高峰及東亞最高峰，但在人文地理上，玉山是台灣的象徵，意識的化身，以及能量的發源地。遠在四個世紀前，航經台灣海峽的船員，就注意到玉山有如一座長城，雄據一方，冬春之際還能看到山頂的白色積雪，與山腳上迤邐的廣袤平原、青翠森林相互輝映，不由得發出「美麗之島」讚嘆。玉山所倚附的中央山脈，天氣晴朗，遠在百里外的琉球、甚至福建沿海，肉眼依稀可見，令人不禁有海上仙山之聯想。美麗之島、海上仙山，其實就是人們對新世界的嚮往，超越現實的內心渴望，卻往往觸不可及，一旦腳踏在土地上，便會驅動推進的力量，追求理想國度。

四百多年前邵族祖先從阿里山一路翻山越嶺，追逐一頭美麗的白色水鹿來到日月潭，日月潭周遭環境有山有水，有耕地可以開發，像是新世界般帶來新希望，於是整個族群都遷徙到日月潭定居。

阿里山是邵族的原居地，是目前最為普遍的看法，但也有一說指出，邵族祖先最早居住於現在台南府城赤崁樓一帶，其後才遷移至阿里山與鄒族為鄰。日據時期人類學者將鄒族與邵族分別譯成Tsou與Thao，一音之轉而造成邵、鄒不分，誤認為邵族是鄒族的一支，加上邵族很早就漢化，造成長期以來邵族在族群分類一直被歸類為平埔族。其實，邵族與鄒族是兩個獨立的族群，各自擁有不同的文化，但因為邵族是台灣人數最少的原住民族，邵族人內心不斷吶喊：我們是邵族，邵就是邵，既非平埔，也非鄒，但始終無法獲得正視。

直到一九九九年九二一大地震重創中台灣，造成日月潭滿目瘡痍，藉著政府重建工程，部落再造、提升日月潭觀光產業，邵族人開始爭取族群尊嚴。二〇〇〇年初，日月潭國家風景區管理處正式掛牌營運，行之數十年之久的「光華島」也正名為「拉魯島」（Lalu），同年十月十二日，邵族人集體重回祖先最早在日月潭的居住地，女祭司（亦稱：先生媽）帶領著大家祈福，邵族人共同在拉魯島上種植代表族群最高祖靈Paclan住所的象徵，也就是茄苳樹。

茄苳樹又稱重陽木，屬於台灣原生植物之一，傳說邵族祖先逐鹿而發現日月潭，潭中小島長著一顆壯碩茂密茄苳樹，相約於樹下立誓，定居於此，祈願子子孫孫有如茄苳樹枝葉茂盛，並將小島取名為「Lalu」。命名「Lalu」，以其為邵族最高祖靈住所，而邵族最早的先生媽住在島上，負責保管邵族語稱為「烏拉拉魯灣」（Wulaluwan）的祖靈籃之故。換言之，Lalu島是邵族人的心靈聖地，雖然後來因為日月潭水力發電工程開發，邵族被迫遷離，重返Lalu島告慰祖靈成為邵族人共同願景，終於在二〇〇〇年十月十二日這一天實現，緊接著隔年八月八日，行政院公布邵族為台灣原住民第十族。

邵族人最初來到現在稱為「日月潭」的水沙湖定居。水沙湖之名來自水沙連。水沙連一詞早在一六八〇年代便記載於文獻，「沙連」是指平埔族居住地，範圍約集中於現在南投埔里、魚池、頭社、水里等地，以及延伸至集集、竹山、鹿谷、信義一帶，這一大片在四面群山包圍中，一連串大小不等的盆地構成的起伏土地，夾雜著台灣最大內陸湖泊，波光粼粼，景色美麗，因而以「水沙連」一詞形容。

邵族人從水沙湖一帶迅速往外拓展，百年不到埔里、魚池、水里、集集都是其勢力範圍，人丁旺盛，定期向清朝納貢輸賦，儼然具有水沙連部落王國之態。從一八八〇年代起，伴隨著一波又一波閩南移民進入南投地區開墾、瘟疫、日月潭水力發電工程開發等各種因素衝擊下，邵族也快速萎縮。一九〇〇年代，人口估計只剩下五百多人，到了二十世紀中葉，邵族居住地退到卜吉社（德化社）為主，少部份散居於頭社、水里，人口也銳減至三百人不到。過去的強盛部落王國，已成明日黃花，現在的威脅仍與日俱增，延續族群成了邵族當前的最大危機。

從一度興盛的部落王國到台灣最弱勢的原住民族群，邵族的命運雖有如風中殘燭般，但他們仍然努力保有自我文化與族群認同，也沒有忘記要與祖先、祖靈共同追求新國度的夢想，歷經四百年之久，到現在還在奮鬥，沒有放棄塑造運命的希望。四百年的時間，歷經十幾世代更迭，滄海桑田不知凡幾，邵族人並沒有忘記他們的夢想，祖先與祖靈享有共同記憶，是什麼樣的力量支撐著他們抵擋歲月與環境洪流的沖刷，而能屹立不搖？顯然光是信念、勇氣還不足夠，祖先及祖靈的精神，經由代代流傳累積下來的共同意識，以及來自於玉山、日月潭的無形庇佑也是一大支柱，兩者相互交流激盪，讓邵族人併發出強韌生命力，像小巨人般面對各種挑戰。

Thao，邵語意思是指「人」。「Thao」這句話，更能體會出邵族故事的啟示。與祖先享有共同意識、人的意志，以及孕育於地理環境的能量，相結合所產生的力量之大，是促成人類實現更美好生活、追求更理想境界的原動力。只要這個動力之火不會熄滅，保存在心中，一代一代流傳，形成共同的集體意識，這一代沒有完成，下一代會接棒下去；這一代的失敗，下一代會從中吸取經驗；這一代的成果，下一代會發揚。也不因人數多寡而洩氣喪志、不因時間漫長而失去耐心、不因困難重重而感覺失望，只要仍有一人能持續點燃生命之力的原動力，族群生命便能延

玄奘寺源於一九二四年政府透過中國佛教會向日本交涉索回玄奘靈骨舍利，一九六五年玄奘寺落成後迎入，蔣介石親題「國之環寶」匾額掛於寺內。

續，而能在變動環境與反省過去中，重新找到生命意義與出路，且相信總有一天能實現目標。

從這一點來看，邵族祖先追逐白鹿的傳說，與玉山發現白水鹿，時間相隔四百年，就多了一份衍生意涵，一隻鹿並不只是改變台灣歷史，也具有啟動台灣運命的象徵。

返本溯源、探索內心
飲水思源新故鄉

梅花鹿與水鹿都是台灣特有亞種大型草食動物，滿佈於平原與山林間，與南島語族原住民共存共榮，經過荷蘭殖民政府大肆獵捕，鹿群數量快速減少，加上受到中國政治局勢影響，一六四〇年代台灣轉口貿易萎縮，東印度聯合公司一度思考放棄台灣，但是一位派駐在長崎商館的館長聞訊後，寫信給巴達維亞總督力諫指出，台灣地理位置的重要性，不能因貿易一時衰退而放棄。相反的，他建議殖民政府應配合島內開發，相信假以時日，一定能獲取可觀利益。這封信打消了東印度聯合公司放棄台灣的念頭，加快腳步擴張台灣殖民統治，攻佔滬尾（淡水）、雞籠（基隆），驅逐西班牙人，將全島納入殖民範圍，進行開發土地，招徠閩南移民入墾、引進耕牛種稻、種甘蔗製糖、開採硫磺等。

新殖民統治政策改弦易轍後，閩南人移住台灣的比例有了明顯增加的趨勢，過去閩南人以台灣為漁場，配合季風與漁訊捕撈漁獲，並與島上原住民以物易物，季節性往來為主，而且來多住少，現在定居人數則一年比一年多，一六四四年大明滅亡，滿人統治，政治社會局勢動亂，加速閩南移民定居台灣的人數。根據統計，在一六六一年荷蘭向鄭成功投降之前，短短二十多年，閩南新移民人數從不到一萬人增加到三萬人。這批新移民為荷蘭殖民政府增加許多經濟利益，也啟動了台灣歷史列車，無形中也為鄭成功進取台灣奠定有利基礎，最後也導致荷蘭殖民政府不得不拱手讓出統治權。

鄭氏家族入主台灣，以台南平原為政治經濟中心，實施屯墾、寓兵於農政策，往南北兩路方向擴張，其中一路則是從諸羅，經由斗六門（斗六）前進竹山。竹山原名林圮埔，紀念鄭家軍將領林圮（？—一六八八）開墾之功，多了一個「埔」字則是林圮埋葬之地。

文獻記載林圮是奉命前往斗六，竹山並不在其屯墾範圍。以當時環境，斗六所處濁水溪下流沖積平原，已足以供應人口需求，即便竹山為進出水沙連及最近平原區關卡，基於軍事防衛考量，也不一定要屯墾竹山，其中關連實有耐人尋味之處。林圮帶頭屯墾竹山，開啟閩南移民進入南投風氣之先，就像邵族祖先從阿里山區到水沙連，時間相隔百年，路線之所以有別，乃是時勢變遷與族群習性差異。邵族從最早的平原區，轉進阿里山，適應山林生活，順著山脈走向，翻過

台灣有海洋的進取性，也有中國的穩重性，不同時間、不同地區、不同民族來的住民，不但都能在這個島上安身立命，還可以創造出更多的附加價值。

阿里山山脈進入玉山山脈；林圯由台南出發，經過嘉南平原，延著濁水溪進入南投。以台南為起點的話，前者的方向大約是東北轉北向；後者則是北轉東北向，不約而同往台灣中心，隱約顯示出偶然的際遇，背後其實都含有必然的機遇因子在內。

同樣的，一九六九年最後一隻梅花鹿消失在台東平原，有一段時間平地幾乎再也看不到梅花鹿。水鹿為了躲避人們的獵殺，從中低海拔丘陵地往深山裡遷徙，運氣好的話才能在海拔兩千公尺以上的高山看到牠們的身影。一直到一九八〇年代，政府重視生態保育，展開復育計劃，經過二十多年努力，梅花鹿與水鹿又重現人世間，玉山山脈的八通關、塔塔加一帶經常會發現水鹿的身影，讓登山客、遊客發出的陣陣驚嘆聲，甚至有些水鹿並不怕生，與過去大老遠聞到人類氣味，便逃之夭夭相比，完全不可同日而語。如今傳說中的白水鹿蹤影現身於玉山，雖然代表政府與民間的保育成果，但不也反映了台灣進入新的機遇之合階段的訊息：玉山、南投、日月潭，集山、地、水之大成，可以做為所有台灣人在新世紀來臨，全球進入新局面之際，轉變運命的共同精神標誌、新意識中心。

新意識，並不是指全新的意識，而是整合過去以來停留或住在台灣這塊土地的人們追求理想的核心要素，成為大家共同分享的價值、清晰的方向。這個匯聚整合的過程，我把它稱為「新故鄉運動」。從小的層面來看，每一個人在尋找屬於自己的新故鄉時，應從向內探索開始往外一層

日治時期日月潭邵族人杵歌風光。

一層延伸出去，了解自己的生命歷程、家族過往的同時，也要了解台灣的人文歷史進程、山水大地的背景，然後思索找出其中的關連，以及對自己的意義後，自我意識就會覺醒。意識覺醒建立是自信的第一步，信心帶來力量，相信是生來就被賦予天職的使命，就能無畏艱難，勇往直前。當每個人找到自己的新故鄉，這種自信覺醒與使命承擔，擴大到國家層面，所有人便能凝聚在一起，爆發驚人的力量，一個屬於台灣的新世界從而於焉誕生，傳承世世代代，還能對世界其他國家，乃至人類文明帶來典範作用。

新故鄉運動是一種返本溯源、探索內心的過程，就像之前所說的體驗先人，改造自己；觀照大地，連結彼此。當每個人都有這樣的感覺，就都會認為生為台灣人是與生俱來的天命，有責任要完成過去以來曾在這塊土地奉獻心力，想要追求打造台灣，立足全球的未了之願。我們不必預約，也無需等待下一世紀的幸福，我們就正在創造台灣的新神話，書寫台灣的新里程碑。這個里程碑反映在實際上，有需要找到一個屬於台灣意識標竿，做為我們共同的意念象徵，而衡諸於台灣人文與地理等特色，南投是最好的地方，日月潭則是新台灣意識中心。

沈葆楨、劉銘傳、後藤新平　台灣現代化啟蒙

一八七四年沈葆楨來台巡察防務，奏請解除中國人民渡台禁令，開山撫番，重新調整行政區域，自此台灣進入全面開發階段。在這之前，大清帝國雖已將台灣納入版圖一九一年，卻採取消極治理政策，視為化外之地，防範生變多於興利。國家政策的不積極，以及溪流、高山阻擋，造成台灣開發缺乏整體規劃，南北不相連串、東西彼此阻隔，全島無法連成一氣，彰化舊名半線，即充分反映了此一現象。「半線」原為平埔族巴布薩居部落名，其後閩南移民進住形成街市，取其音為「半線街」。說來巧合也有趣，「半線」一詞也對照出台灣地理與人文界線。

彰化南鄰濁水溪、北界烏溪（大肚溪），地理屏障將台灣一分為二。彰化以南至台南縣統稱為諸羅、以北概括為淡水。彰化設縣是在一七二三年，其下轄現在雲林虎尾以北至淡水之間的廣

大區域，一七三二年再分出設置淡水廳後，彰化縣行政區域範圍包括現今彰化縣、台中縣市、南投縣全境與部份雲林縣。等到沈葆楨來台，一八七五年增設台北府，其下改淡水廳為新竹縣、噶瑪蘭廳為宜蘭縣，南投則由彰化縣分出，另設埔里社廳，情況稍有改變，但仍然未符合台灣實際現況。一八六〇年台灣因為開放通商，帶動經濟高速成長，茶、樟腦等新興產業成為主要貿易大宗，台灣氣象蓄勢待發、欣欣向榮，沈葆楨巡視台灣各地後，察覺台灣擁有無窮潛力，因而建請朝廷重視台灣開發，大清帝國准了他的開山撫番等前述建議，卻沒同意台灣設省，使得行政區劃分只做了一半。過了十一年，也就是一八八五年台灣才終於設省，然後再過兩年，首任巡撫劉銘傳才全面調整台灣行政區劃，即台灣省共設三府十一縣三廳一直隸州：台北府下轄宜蘭縣、基隆廳、淡水廳、新竹縣。台灣府下轄苗栗縣、台灣縣、彰化縣、雲林縣、埔里社廳。台南府下轄嘉義縣、安平縣、鳳山縣、恆春縣、澎湖廳。另將卑南廳升格為台東直隸州。

劉銘傳的行政區劃奠定日後迄今台灣行政區域的雛形，以及國土規劃大綱，而這要歸功於沈葆楨的先見之明、視野之先。沈葆楨的另一個重要影響是打通台灣東西交通。一八七五年，他下令袁聞柝、吳光亮、羅大春分別從鳳山、竹山與蘇澳，南、中、北三路齊發，開鑿通往花東後山道路，歷時一年竣工。這可說是劃時代的作為，它的意義不僅是打開台灣東西交通的工程建設，也具有整合東西，連結台灣為一體。後山與前山的隔閡消除後，從此台灣不再是狹義的西部走廊，而是一個島嶼，一個完整實體與實際地理終於相吻合，有頭有尾、有前有後，四方俱足之後，接下來就是要設置中心。

沈葆楨藉由興建延平郡王祠樹立台灣民族特質，鄭成功是此一民族特質的具體表徵，可以做為台灣人的典範，而台南又是台灣發展的起點，因而兼具文化傳承與開創力意義，也同時含有為台灣新興民族的根基所在。當台灣進入全面開發，台灣民族特質還要再多一個包容，讓先後來到台灣的各種不同族群都能兼容並蓄於「台灣」之下，打破以往認為台灣「三年一小亂、五年一大亂」、台人難治的偏見，消除因時間早晚、族群差異、地理阻絕造成的隔閡，形塑新民族內涵。交通建設便是統合的最便捷手段之一，南投以其地理中心位置，遂成為最好的地點。

沈葆楨下令開闢三條通往後山道路中，以中路竹山，經鹿谷、信義翻越中央山脈至璞石閣（玉里）路段最為艱鉅。北路與南路兩段，分別日後拓寬成為蘇花公路與南迴公路，中路以其地形險惡，施工困難，日後另闢東勢至太魯閣之中橫公路。

吳光亮打通中路的東西橫貫道路，竹山成為西部平原進入花東後山的起點。正因為如此，一八八五年初，就任台灣建省第一任巡撫不久的劉銘傳（一八三六—一八九五）親赴視察，選定於竹山建城，城竣後首任知縣陳世烈題「前山第一城」碑嵌於城上。雖然此一碑文今已無存，但「前山第一城」標誌著南投從自然的台灣地理中心，進一步具有人文的台灣統合中心意義，它的地理標竿即是位於南投、高雄、嘉義、花蓮四縣交界的玉山，與群山環抱中的日月潭。

吳光亮率軍鑿路往後山挺進時，曾數度到水沙連巡察，得知長老教會牧師甘為霖以埔里為基地，向鄰近巴宰海、邵族原住民部落宣教改信耶蘇基督的消息後，決定要予以阻擋。

一八七三年，甘為霖跨過彰化，沿著烏溪流域抵達埔里，藉由資助位於現今愛蘭里的烏牛欄巴宰海部落興建禮拜堂，以此向外輻射，宣揚基督教，他先將日月潭命名為「干治士湖」，然後展開宣教，兩年間於魚池一帶興建兩所禮拜堂後，進一步計劃前往Lalu島上興建禮拜堂。Lalu島是邵人的聖島，是靈魂之山，興建禮拜堂意味著邵族傳教工作有了關鍵突破，一八七五年初，結束打通中路橫貫道路任務的吳光亮得知訊息後火速前往，連夜趕工搶先在Lalu島上興建書院，另於書院內設置水社義學，教化邵人。書院取名「正心」，用意不言可喻。

正心書院是南投最早書院之一，據文獻記載，書院建物長十六公尺、寬五公尺，就當地而言，已屬於大型規模建築物了，清楚指出吳光亮用實體建築彰顯防堵洋教入侵之意。正心書院落成後，吳光亮指派得力幕僚進駐掌管書院與義學工作，全面封鎖長老教會勢力進入日月潭地區，慢了一步的甘為霖最後只得黯然離去，轉往其它地區傳教。

吳光亮與甘為霖間的暗自較勁，就像中路東西橫貫道路打通後，超越了道路的交通意義般，東西方文化信仰的競爭，其實也隱含著對台灣新興的意識統合之地的相爭。這點如把它放在一八八五年時空背景裡，更能顯示一條路，不只是一條路；一間書院，也不只是一間書院的意涵。

一八八五年是台灣轉變的關鍵年。這一年台灣建省，總算實現了十一年前沈葆楨未了的心願。第一任巡撫劉銘傳五年主政期間內，先後推動新政，擴大撫番、清理賦稅、建設交通、開辦航路、創設郵政、架設電報等諸多洋務改革措施。一八九一年劉銘傳因基隆煤礦弊案離職，已為台灣現代化奠定基礎。七年後，亦即一八九八年，台灣總督府民政長官後藤新平（一八五七－一九二九）推動改革時，記取劉銘傳新政失敗經驗。一九〇一年設置臨時台灣舊慣調查會，後藤新平親自擔任會長，動員大批人力與物力，全面調查台灣漢人、原住民的生活經濟、法制習慣、土地買賣、商業活動、家族婚姻、宗教信仰等，範圍無所不包，調查持續進行至一九一一年，十年內陸續出版台灣慣習記事雜誌、台灣私法、番族習慣調查報告書、台灣蕃族慣習研究等報告，讓改革措施能更符合台灣實際情形。後藤新平主導台灣新政八年，台灣煥然一新，奠定一九二〇至一九三〇年代繁盛基礎。

沈葆楨、劉銘傳、後藤新平三人都是台灣現代化的啟蒙者、奠基者，他們參酌前人經驗，審時度勢，配合台灣地理形勢規劃更長遠宏大的方案。現在有些人爭論三人中何人貢獻最大，這種一切為二的思維犯了視野上的盲點，忽略了精神傳承，以及累積出來能量是推進人類文明的動力來源。他們三人治理台灣第一步都是先進行國土規劃，其中，行政區劃與交通建設是反映國土規劃的重要指標。大體來說，國土規劃是以百年時間為縱軸，地理山川空間為橫軸，與未來發展趨勢，重新設定空間運用，讓位處其中的核心區，連結南北、貫穿東西，匯聚有形、無形的人文與地理能量，我們可以稱為「意識中心區」。

沈葆楨受限於政治環境，國土規劃無法全面推展，但他打通北、中、南三路的橫貫道路，並以中路為主的思維，將埔里社廳自彰化縣分出，已先預告著中台灣是未來的意識中心區。一八八〇年代，大清帝國終於體認到台灣的重要性，決意經營，劉銘傳因而能大膽放手去做，要人給人、要錢給錢，擴大行政區劃的前瞻性，其中，擇定台北為台北府治、原台灣府改為台南府，台灣府一詞移置於中部，於現在台中市，新增台灣府城，名為「台中街」。劉銘傳設省城於此，乃因地理位處台灣之中，而台灣府位於台北府、台南府間，「台中府」也就成為台灣府的別稱，也成為今天台中市的前身。台灣府下新設台灣縣，轄下約今台中縣市及部份南投，至此，台中正式從彰化縣分出，成為新興都市。

台灣府、台灣縣舊詞新移，含擴今苗栗以南、雲林以北的中台灣，而以台中為中心，與過去中台灣以彰化為中心，從濁水溪跨越過烏溪，直抵大甲溪、大安溪，台中一躍為此一廣大區域核心，具有統籌南北、橫貫東西的新都市氣象。一八九八年，後藤新平的行政區劃，採縣廳制，全台分三縣三廳，台中縣已含括彰化在內，原清代之埔里社廳則升為南投廳，為一九二〇年日據時期最大規模行政區劃改制奠基。經過這一波改制，台中州再把南投廳納入，台中的統合台灣地位已大致成形了。

一九〇六年，後藤新平隨兒玉源太郎總督離職時，縱貫鐵路工程已近全部完工階段、縱貫公路拓寬鋪設工程也按計劃進行。這兩條台灣南北大動脈的打通，對日據中後期，乃至國民黨政府來台的建設扮演著相當重要功能，特別是縱貫鐵路，因為運輸量大、經濟效益強，成為日據中後期台灣建設計劃的核心，北連基隆、南接新建的高雄港，台灣首尾兩大天然港口，可以同時輸出入東北亞、亞洲中國，以及東南亞、太平洋，乃至延伸出去的歐美西方國家。至此，台灣轉化成為日本進軍太平洋、接軌東西方的前進基地。到了一九一八年，田健治郎（？—一九三〇）擔任台灣第八任總督，成為第一位文官總督時。適逢第一次世界大戰結束，在美國總統威爾遜（一八五六—一九二四）倡導下，民族自決主義蔚為潮流，田健治郎受這波世界潮流影響，提出「內地延長主義」思維、「日台融合」主張，做為治理台灣綱要終於確立。田健治郎大刀闊斧進行交通、經濟以外諸如行政區劃與市街改正、地方議會、教育等重要改革，對當時台灣與現在台灣的影響至為深遠。

至於縱貫公路則起於沈葆楨的開山撫蕃政策，連結南北各縣治所鋪設的官道。日本領台後拓寬為軍用道路，一九一六年才從台北至屏東楓港全面架橋、鋪石，並訂定道路標準，做為日後開闢道路之依據，總督府也因而將這條全長四百六十一公里具有現代公路雛型的道路命名為「縱貫道」，也就是現在省道台1線，但迄今「縱貫道」一詞仍是民間普遍用語。

縱貫鐵路規劃始於劉銘傳，基於國防（煤、金）、經濟（茶、樟腦等新興貿易品）目的，興建基隆至台北段。一八九二年接任台灣巡撫的邵友濂再延伸至新竹，等到丁日昌繼任時，因財務壓力，便停止續建新竹以南工程，到了後藤新平才全面恢復，並以台中為縱貫鐵路的中心點。因此，一九〇八年四月全線完工，先是在新落成的台中火車站舉辦汽車博覽會，繼之十月的正式通車典禮也是選在台中舉行，地點是台中公園，閑院宮載仁親王自日本親自來台主持。

縱貫鐵路全線通車後扮演台灣進入全面開發的動力火車頭，台中是這個動力中樞所在。

台中成為統合中心　日月潭為新台灣發源地

一九一七年，原來木造結構的台中火車站，營運十二年後改建為磚造結構，名稱也由「台中停車場」改為「台中驛」，就是現在大家所看到的國家二級古蹟台中火車站。改建台中火車站是為了準備迎接新時代來臨，亦即兩項世紀性重大工程：一九一九年開始的日月潭發電工程計劃，以及一九三八年起的新高港都市建設計劃。日月潭水力工程提供全台建設電力所需外，另一重要功能是為全新的都市與港口提供水、電力等基礎來源。工程規模、經費技術，與計劃企圖，在當時都是亞洲之最，比擬世界。這兩項工程完工，搭配著高雄港、基隆港，台灣將成為東亞重心，並進一步推向世界舞台，而非只是日本帝國的統治領土，其野心之大、視野之遠，當時可說是世界之最，對台灣的人文意識，更具非凡意義。其後雖因日本軍國主義猖獗，一九四一年太平洋戰爭爆發，美國加入二次世界大戰，戰事吃緊而中止新高港都市工程開發，只完成了日月潭水力發電，也足以嘉惠後世。

日月潭發電計劃是日治時期規模最龐大基礎建設工程，一九一九年動工後，適逢全球經濟蕭條，一九二六年停工，一九二八年經過一番爭論後決定復工，三年後募集足夠經費才正式復工，於一九三四年完成。此一計劃是在濁水溪上流武界一帶築壩，修築長達十三點七公里隧道，截引溪水注入日月潭形成水庫，並於水里設日月潭第一發電廠(後改名為大觀)，利用水位落差發電。其後再於一九三七年增設第二發電廠(後改名為鉅工)。至此，日月潭發電工程竣工，發電量超過當時全台灣發電總量兩倍。

新高港都市建設計劃源於一九三八年「台中州梧棲港築港計劃」，將原梧棲港擴建為包含漁業、商業、工業的綜合性港口，以分擔基隆港與高雄港的負荷。命名為「新高港」來自新高山（玉山）為台灣第一高峰，比日本的富士山還要高，寓意新港口發揮最高功能。一九四一年擴大為「新高港都市建設計畫方案」，計畫將沙鹿、梧棲、清水三鎮合併為「新高市」。港、市合一整體開發完成後，進一步計劃自台中市南屯開鑿一條運河直通新高港，將台中市與新高市串連一起，以發揮相乘效益之外，新高市內也依國際公路標準，開闢寬達六十公尺現代道路，架設有軌電車，儼然成為國際性大港、大都市之態。未料，新高港破土動工兩年，新高市籌組才剛起步，太平洋戰爭爆發，新高港工程受挫最後停工，新高市則是胎死腹中，直到一九七一年政府將台中港列入十大建設計劃之一，於一九八三年竣工，同時也仿新高市精神，將沙鹿、梧棲、清水、龍井四鄉鎮都市修訂為台中港特定區，總算完成近半世紀之前的未了工程。

一九一〇年代起打通縱貫鐵、公路、開闢高雄港、台中州改制到日月潭發電、新高港都市建設計劃等重大建設工程，台灣經濟形態逐漸從以農業及其加工產業轉向商、工業，銀行與商會組織、現代化公司、新式教育、地方議會等陸續成立，雖然這是殖民統治者基於厚植母國，以向外擴張的動機，但是經過這一連串的改變，台灣體質全然一新，財政早已自足，還有盈餘輸往日本，成為日本海外殖民地成績最為斐然之地，並躍升為帝國的建設模範、南進基地。

清水蔡家的發展，可以拿來相互對照。清水蔡家貿易致富後，以清水為基地向外經略，一九〇〇年代起也朝向台中發展。蔡源順商號的第三代中，蔡蓮舫在現今台中公園一帶擁有大批土地，為他日後出任台中區長、參與創辦台中中學、彰化銀行奠定基礎。從大肚上堡堡長（清水與部份沙鹿地區），再到台中區長；蔡惠如父親蔡敏南擔任清水區長，到了蔡惠如做了台中區長，以便與中部菁英往來，推動台灣社會改造。因此，一九二一年台灣文化協會在台北成立後，台中的會員活動力最強，七年後總部移設台中；台灣議會設置請願運動在林獻堂領導下，台中成為主

民國三十五年台灣光復後，蔣主席與夫人首次蒞台巡視，其間指定遊覽日月潭二天，並且夜宿涵碧樓。

動場所，其後而來的台灣地方自治聯盟於一九三〇年成立，地點便是在台中；立場偏左的台灣農民組合，一九二六年在鳳山成立，幾年後總部移設台中。伴隨著台中州都市更新再造、交通與基礎工程等開發、霧峰林家積極投入等多重因素，一九二〇至一九三〇年代間台中隱然具有台灣文化啟蒙、社會及政治運動的中心，來自台灣各地菁英常以台中為聚會場所。

清水蔡家往台中發展，乃是審時度勢之故，相反的，也因為台中市設置後，吸引了人文匯聚，終而蔚為新興中心。換個角度來看，林獻堂會成為日治中期台灣文化、社會、政治運動的領導人，台中是個不可忽略的重要因素。林獻堂自霧峰轉往台中，就如蔡家由清水轉向台中，同樣都是無形中受到台中的吸引，只是身為清水蔡家後代的我，會對清水格外有感情。一九三九年九月二十五日新高港舉行開工典禮，由台灣總督小林躋造主持，開工典禮地點就在現今清水郵局。典禮結束後，小林躋造率領浩大車隊經由縱貫道一路開往梧棲時，等於是把過去蔡家自梧棲、清水貿易致富，與當時蔡家從清水到台中串連起來了，就像台中把過去台灣的南北給合一樣，也像是日月潭發電工程完工後，源源不絕充分電力扮演台中的活力泉源角色，更加襯托了台中成為統合中心的地位，日月潭做為新台灣的發源地，未來台灣的新故鄉，並非騰空幻想，有其脈絡可尋。

蔣介石七次視察　文武廟集儒、釋、道三教

西部平原進入日月潭主要有兩條路線，一是從台中延著烏溪，經埔里、魚池進入水沙連；另一則是從斗六順著濁水溪，經竹山、集集、水里抵達日月潭。烏溪與濁水溪發源於雪山山脈合歡山，日月潭則是雪山山脈東南支脈，造山運動形成的封閉型內陸湖泊，但經過日月潭發電工程，引濁水溪水注入，再由水里送出發電，日月潭成了有源頭的湖泊，並且藉由湖水流入水里溪、再與陳有蘭溪會合。陳有蘭溪發源於玉山山脈，是濁水溪最長支流，其溪水總合來自玉山山脈北坡面、阿里山脈東坡面之水，往南流於竹山、古坑，再與發源自阿里山山脈西麓的清水溪會合後，

沈葆楨藉由興建延平郡王祠樹立台灣民族特質，鄭成功是此一民族特質的具體表徵，可以做為台灣人的典範，而台南又是台灣發展的起點，因而兼具文化傳承與開創力意義。

便稱為濁水溪。

就地理形勢而言，日治時期的日月潭發電工程，讓她走出深山群谷包圍，並且具有打通雪山山脈、玉山山脈的象徵意含。其後，再經過一九九〇年代明湖、明潭抽蓄發電廠完工，連同之前的日據時期發電廠，其所產生的電力成為台灣經濟、工業的最重要來源，剩餘電力還供應東部。現在位於南投中寮超高壓電壓開閉所，佔地近三十五公頃，是全台灣電力系統的樞紐。以及由中寮跨越雪山、玉山、中央三大山脈，台灣東西向最主要的超高壓輸電線——「新東西線」是花東地區的電力來源。可想而知，中寮超高壓電壓開閉所、新東西線一旦關機的話，台灣便會失明，看不到現在，未來陷入一片漆黑，而更加體會日月潭的意義了。

邵語稱為Zintun的日月潭，是一八二一年主管北台灣撫播拓墾事務的鄧傳安來此視察兼旅遊時看到潭水丹碧二色分明，遂取名為日月潭。日月潭最特別之處是「山中有水，水中有山」，亦即邵族人視為部落最高祖靈住所的Lalu島，閩南新住民則有珠嶼、珠仔嶼、珠山、珠仔山、珠潭浮嶼等不同稱呼。儘管邵人與閩南住民對潭中小島有不同稱呼，他們都注意到潭中小島很巧妙位在南邊青龍山、與北邊貓蘭山兩山餘脈的交會處。從現今東南方的慈恩塔、玄光寺往拉魯島看過去，恰與西北方的涵碧半島、貓蘭山約成一直線，這條由兩山夾一水中島構成的中軸線，將日月潭一分為二。

因此，如果說日月潭是台灣意識中心，Lalu島就是中心的中心，有如人的靈魂之窗。邵人視Lalu為祖靈住所、新天地的發跡地。閩南移民進駐，視為風水寶地，名為青龍、珠嶼，取雙龍搶珠之形與義，吳光亮因而要搶先一步在島上興建正心書院。日人據台，更名為玉島，取其與玉山遙相呼應，日月潭發電工程動工後，為祈求工程進行順利，在原正心書院基地上興建神社，祭祀女神市杵島姬命。一九四六年台灣光復，改名為光華島，則是蔣介石期望吸「日月光華」之能量，矢志「光耀中華」。

邵族、閩南、日人，戰後大陸移民，都對日月潭與拉魯島有著共同意象，不受時空隔絕、族群差異影響，意識精神傳承力量之大，難以想像。其中又以蔣介石最為重視日月潭。

現在日月潭主要的觀光景點，文武廟、玄光寺、玄奘寺、慈恩塔、梅荷園、耶穌堂、涵碧樓等皆與蔣介石有絕對關係。

文武廟源於一九三二年日月潭水力發電工程，因水位上升之故，將水社之龍鳳宮與卜吉之應化堂，遷移合為一廟。一九五八年蔣介石指示重建，把原來南方式的廟宇格局，改為北方宮殿式的風格，並增祀孔子。施工期間，蔣介石前後七次視察，一九六一年新文武廟落成典禮，由省主席陳大慶與南投縣長林洋港共同主持。文武廟的集儒、釋、道三教於一起，首創台灣之先，它也是全台灣唯一為孔子塑像的孔廟。

玄光寺與玄奘寺源於一九二四年政府透過中國佛教會向日本交涉索回玄奘靈骨舍利，一九五八年日本歸還玄奘靈骨舍利，暫奉於玄光寺，一九六五年玄奘寺落成後才迎入。玄光寺建成時，內政部長王德溥題「民族宗師」懸於正門上方，入口對聯則是立法院長張道藩所題，等到玄奘寺完工，蔣介石親題「國之環寶」匾額掛於寺內。

涵碧樓，原為日人伊藤一九一六年興建的私人住宅，日文稱為「Hanheki Ro」，其後由台中州接手改為招待所，一九三四年配合舉行日月潭水力發電廠竣工通水典禮，加以擴建，先後招待過日本皇族梨本宮守正親王，及朝鮮李王垠。一九六〇年代改為蔣介石行館，仍循涵碧樓原名。蔣介石在台灣擁有大大小小二十七處行館，他最常去的行館，除了桃園復興角板山行館外，就屬涵碧樓。前者因角板山山水形似其奉化溪口；後者是他沈思國事之處。等到一九七一年慈恩塔建成後，涵碧樓便成為蔣介石最常去的行館，現在的梅荷園就是當年軍警安全人員崗哨，耶穌堂則是為了方便蔣介石與宋美齡做禮拜而興建。一九九九年九二一大地震，涵碧樓嚴重毀損，南投縣政府出售給建商開發為五星級觀光飯店，仍以涵碧樓為名，歷史資產之珍貴，由此可知。而相對於地方政府出售歷史資產，也不免令人感慨萬分，就像過去曾在日月潭、涵碧樓留下許多建設，決定重大政策的蔣介石，現在也成為觀光景點，不免令人有今昔對比之嘆。

慈恩塔是蔣介石在日月潭最重視的工程。官方文獻指出，一九六九年蔣介石有次到涵碧樓，見青龍山山影倒映湖面，興起恩鄉情懷，乃建慈恩塔紀念其母親。其實另外一層用意是藉風水，祈延續政權，保台灣國運昌隆。

蔣介石親自監督、實際介入慈恩塔建塔所有大小事務，受命建造的省公路局直接向他匯報，

一九七一年完工的耶穌堂，座落於涵碧半島的耶穌堂，巴洛克式建築，壯觀堅固，視野展望也極寬，背倚貓蘭山，前向湖水。從耶穌堂看過去，視線一路直抵拉魯島後，再往上順著潭邊玄光寺、玄奘寺延伸而止於慈恩塔。

獲得核可後，才能繼續工程。根據資料顯示，慈恩塔主體工程從一九六九年四月動工到一九七一年二月竣工，他總共二十二次召見公路局局長，了解工程進度、更動施工，或是下達指示。其中最關鍵的是建塔位置。蔣介石找玄奘寺住持趙恆惕（一八九七—一九七一）負責。這位曾在一九二〇至一九三〇年代擔任湖南省主席，與中國共產黨領導毛澤東、劉少奇有過一番激烈交手經驗的軍閥，來台灣後先後擔任過國大代表、總統府戰略顧問。趙恆惕與蔣介石相識於日本，早期曾鑽研密宗，後醉心於佛學。他也是台灣向日本政府索還玄奘靈骨舍利代表團的主要成員，玄奘寺建成後接下第一任住持。趙恆惕知道建塔茲事體大，他找了勘輿師毛暢然，經過蔣介石核可選定玄奘寺後方為基址。毛暢然前後四次到現場勘察地理風水，最後擇定現址青龍山海拔九百五十四公尺處為塔位，依八卦風水方向興建四十六公尺高的慈恩塔，塔頂剛好一千公尺（一說確實高度九九九．九公尺，寓久久遠遠）。

慈恩塔仿遼宋古塔式樣而建，瓦片是由指定窯廠燒製，以為區隔，每片瓦背上都銘刻「壽」字。塔內之鎮塔銅鐘是蔣介石指定。凡此種種，足見蔣介石極為重視，相信建在青龍山的慈恩塔可以鎮壓龍氣，不會散去，五湖四海任遨遊，蔣家與台灣永續並存。現在日月潭國家風景區管理處官方網站，介紹慈恩塔時，有一段話這樣說著：「**從慈恩塔最高層往拉魯島瞭望，拉魯島、玄奘寺與慈恩塔，約在同一條中軸線上，地形宛若是龍頭伸入潭中取水，拉魯島位於取水處，玄裝**

寺位於龍頭，慈恩塔則是龍之心臟部位」，其實就是來自勘輿師描述慈恩塔位於青龍圓背，坐北朝南的子午向，形成青龍取水之勢，顯見風水之說，其來有自。

前望慈恩塔、後看耶穌堂　中西合璧、傳統與現代結合

蔣介石深信風水之說，不足為奇，重點在於他的動機與用意。

一九四九年底，蔣介石自成都倉皇搭機來台灣，從此再也沒有回到大陸，台灣成了他的復興基地。據文獻記載，國民黨總裁辦公室秘書組主任張其昀（一九〇一－一九八五）大約在一九八四年的一次黨內會議中向蔣介石建議撤退到台灣。張其昀是蔣介石的親信兼策士，也被認為是中國現代人文地理學、歷史地理學的開創者，他以地理形勢分析，撤退至台灣進可攻、退可守，蔣介石採納其意見，因而拍板定案。但我曾聽毛人鳳（一八九八－一九五六）兒子說過，毛人鳳曾告訴他，親眼看到蔣介石讀鄭成功經營台灣故事才決定撤退至台灣。毛人鳳是特務頭子，一九四六年戴笠死後接管軍事委員會調查統計局長（軍統局），一九四九年軍統局改為保密局，他還是局長，受蔣介石倚重，鄭成功之說，應有所憑。不過，無論何者為真，蔣介石很早就準備計劃撤退至台灣。例如一九四九年初他一邊指派陳誠（一八九七－一九六五）進駐台灣主持黨政軍要務；一邊秘密下令由蔣經國負責搬運當時總共約五億美元等值的黃金、白銀、美鈔，從上海

運往台灣後，才宣佈下野，由李宗仁（一八九〇—一九六九）接任代總統，可以佐證撤退台灣是經過長期並且縝密的計劃。

還有一件事可以反映蔣介石對台灣並不陌生。

一九四七年二二八事變，蔣介石指派國防部長白崇禧（一八九四—一九六六）前來視察，白崇禧在原日本開山神社入口鳥居題「忠肝義膽」，並書寫一副對聯，以示對鄭成功之尊崇。隔年白崇禧加入要求蔣介石下野連署而遭免職，一九五〇年底台南各界於天壇祭祀鄭成功時，已失勢的白崇禧受邀與會，手書「仰不愧天」為誌，又得罪了蔣介石，到了一九六四年，政府整建延平郡王祠，列為國祭，抹去原來白崇禧書寫的對聯，只保留「忠肝義膽」。這副新對聯，據傳出自成大一位教授之筆，也是今天大家所看到的：「**孤臣秉孤忠五馬奔江留取汗青垂宇宙、正人扶正義七鯤拓土莫將成敗論英雄**」。

蔣介石不想讓白崇禧與鄭成功有太多關聯，我的看法是他知道鄭成功為台灣精神象徵，受人民尊敬，因而他也想要做另外一個鄭成功。

一九五〇年五月的一天，蔣介石至台灣半年後，他與陳誠突然現身關仔嶺菈臨碧雲寺整建天公廟落成典禮。蔣介石信奉基督教，上教堂是他與宋美齡每個禮拜天的例行活動，他在台灣待了近二十六年很少到寺廟參拜，更不用說像日後的政府首長致贈寺廟牌匾之舉，但在碧雲寺旁的天公廟卻同時懸掛蔣介石與陳誠書寫的「凌霄寶殿」及「護國佑民」牌匾。兩幅牌匾雕工精美，款式略有不同，蔣介石牌匾並未註明贈匾緣由，前題「民國庚寅年五月」、落款「蔣中正題」；陳誠牌匾前題「天公廟落成紀念」、落款「陳誠敬題」，一字之差，兩人身分與心態，一覽無遺。

蔣介石日後幾乎很少再去關仔嶺。據天公廟廟祝回憶，印象中他只在小時候看過一次，蔣介石輕車簡從進入廟內，待了一會兒就走了。蔣介石突來其舉的贈匾、又悄悄消失，留下一團謎霧。從前幾章陳永華經略台灣、王得祿等人事蹟，與關仔嶺形勢來看，我推測，蔣介石很清楚知道關仔嶺的戰略意義，就像「凌霄寶殿」般高高俯瞰南台灣，即使時至現代，它仍是南台灣的統合中心。關仔嶺是明鄭、清朝時期，台灣新故鄉意識所在，現在蔣介石經由宗教手法，轉化為傳統、文化台灣的象徵，與政治、經濟的台北，相互對照，台中與日月潭則成了統合台灣南北、連結東西的地位，未來的台灣新故鄉意識中心。因此，一九六〇年代起，蔣介石透過文武廟、玄奘寺、慈恩塔等一系列工程建設，逐步營造日月潭的核心空間意向後，這裡成了他沈澱心靈、運籌帷幄的地方。

一九七一年完工的耶穌堂間接說明他對日月潭的高度重視。他在台灣各地行館中，只有涵碧樓附建禮拜堂。座落於涵碧半島的耶穌堂，巴洛克式建築，壯觀堅固，視野展望也極寬，背倚貓蘭山，前向湖水。從耶穌堂看過去，視線一路直抵拉魯島後，再往上順著潭邊玄光寺、玄奘寺延伸而止於慈恩塔。蔣介石每次住在涵碧樓，前往慈恩塔，都捨環湖公路，而是自涵碧樓下方專門為他興建的碼頭，坐船前往對岸，再逐階走到慈恩塔，宛若歷經波光粼粼、山水倒映，前望慈恩塔、後看耶穌堂，中西合璧、傳統與現代結合的朝聖般洗禮，產生出新能量。

文獻史料大都不會記載這種空間轉化心靈，產生新能量的記錄，可是從蛛絲馬跡的資料裡，以及親臨現場，只要略微用心體會，每個人就可以感受到過去曾進出該地英雄豪傑的心境，也能擁有相似的意識轉化歷程，從而彼此跨時空的交流。這就是「地靈人傑」、「鍾靈毓秀」的由來。從風水說衍生而來的這兩句成語，將原本狹義的「地靈」為「人傑」要件，擴大為人文環境的重要，以及人與地互動的必要，缺一不可。

我們經由現場的實地體會，可以了解日月潭對蔣介石沈澱心靈的重要地位，至於運籌帷幄的角色。據目前披露的若干資料，已揭開不少面紗，假以時日，更多的研究與文獻出土，應該更能看出具體面貌。例如蔣介石為了鞏固權力，掌握黨政軍，一九五〇年中設立國民黨中央改造委員會，蔣介石兼任主委，秘書長張其昀，成員共十六人。這是前一年底，蔣介石到台灣後沒多久於涵碧樓做成的第一件重大決策。又如一九六六年前後，毛澤東委請文人曹聚仁擔任密使，進行國共兩黨第一次的秘密和談。曹聚仁潛赴台灣，被安排到涵碧樓，與蔣介石、蔣經國父子單獨會面，針對和談內容逐一討論，再由曹聚仁回報北京，國共兩黨極機密和談進行之中時，因文化大革命而中斷。再如一九七二年蔣經國接班態勢已然底定之際，蔣介石在涵碧樓臨時召見台灣省議會議長謝東閔（一九〇七—二〇〇一）、南投縣長林洋港試探性問他們，社會上對蔣經國的看法，可以說是第一次非正式放出蔣經國接班的訊息。

蔣介石對日月潭情有獨鍾，也寄予厚望，然而諷刺的是慈恩塔，這個被他視為振興國運的風水寶塔，一九七一年二月完成主塔工程，緊接著八月底週邊相關建物與美化工程全部竣工後，九月二十日蔣介石專程前來視察、親題「慈恩塔」匾額於塔門入口處，同時特別頒授總裁三等實踐獎章給公路局長俞大奎、總工程師胡美璜，以示嘉勉。一個月後，十月二十六日，蔣介石的「漢賊不兩立」意識，堅持不妥協下，先行宣佈台灣「退出」聯合國。

「地靈」孕育出「人傑」，創造新局面，「人傑」可以進一步豐富「地靈」能量，但無論「地靈人傑」、「鍾靈毓秀」，或是時勢造英雄、英雄創時勢，兩者要能發揮最大效益的基本前提是出於為公而不徇私，否則再好的福地風水也不會轉化為正面能量，傳諸久遠。舉個例子來說，劉銘傳擇定台中為台灣省城所在，乃是審時度勢之必然的決定，但是繼任的邵友濂，因為與劉銘傳有私人恩怨、政治派別糾葛，硬是改以台北為台灣省城，這個當時看似不大的決定，深深影響了台灣日後命運。邵友濂得逞於一時，卻也在台灣歷史上空白，有如陌路，為人遺忘；相反的，劉銘傳台灣新政只做了一半，狼狽下台，卻並不影響其歷史地位，體現了地靈人傑，時勢造英雄、英雄創時勢的意涵。同樣的，功過極富爭議的蔣介石，與蔣經國的功多於過的評價，民間聲望崇隆，截然不同。

蔣介石從到台灣那一刻起，便全力栽培蔣經國接班，為他鋪路除障。一九六五年陳誠去世，蔣經國少了一個最大威脅，接班態勢終成定局。一九七五年蔣介石去世，嚴家淦(一九〇五－一九九三)繼任總統，但所有人都心知肚明，蔣經國才是真正的統治者，他也想要做另外一個鄭成功，但採取與他父親完全不同的途徑，引進台籍菁英、政治開放、走入民間基層，融入本土社會，一步步營造出新的形象。蔣經國，這位歷經無數權力風雨考驗的一代強人，人生充滿傳奇，但最大傳奇是他在晚年說出的那句「我也是台灣人」時，他終於在台灣找到了自己心中的故鄉，也寫下了自己的歷史。

日月潭　台灣新故鄉所在，台灣的未來聖島

台灣就是這麼一個奇妙的地方，身處東西交會要衝，她永遠有一股魔力，讓不同的人可以融合一起；兼容並蓄，與時俱進是她最大的人格特質。如果我們過度注重區區海島彈丸之地、族群械鬥、三年一亂五年一反的官民衝突、政權更迭頻繁、內部鬥爭不已等一類負面事情，就會疏忽了台灣的神奇，總是在不同時空裡綻放驚人的力量，讓島上的人民安然度過多少次驚濤駭浪，也

1946年台灣光復，Lalu島改名為光華島，則是蔣介石期望吸「日月光華」之能量，矢志「光耀中華」。

會忽略了經過漫長的歲月焠鍊，她想，也做好準備想要成為新興民族，蓄勢待發，就只欠東風的助力而已。

回顧台灣四百年歷史發展，每個時代都會有數個規模不等區域性的統合中心，區域性統合中心再指向台灣中心。我自己的人生經歷：成長於清水、創業於台南、成功和失敗於關仔嶺，再到台中重新出發，與台灣發展軌跡不謀而合，讓我一直有身為台灣人的幸福感，可以在每次受挫中得到心靈慰藉，補充力量。事實上，我們每一個人應該都很幸運身為台灣人，像是上帝選中的子民來到世上，肩負著開創新世界的使命，而這個時機已經逐漸成熟，我們需要一個共同的精神指標，揚起那最後一道航向世界的風帆。

環視台灣的山川地理，參酌前人足跡，日月潭即是台灣新故鄉所在，屬於我們每一個人的心靈意識故鄉，由日月潭往東延伸出來的新都市，也就是台中市，則是新興台灣統合中心。其實，當日月潭形成之際，便已標誌著她會成為台灣新故鄉所在，後天的人為建設不過是進一步強化她的意向，就像日月潭中心的拉魯島，處在青龍山脈與貓蘭山脈之間，有如雙龍搶珠、雙龍取水般的渾然天成。北邊之龍來自東北、南邊之龍來自西南，交會於日月潭，產生的東西軸線就是台中，隱喻著串連全球各方，匯聚為一的意象。因此，如果說玉山是最具代表台灣的原始象徵，有生之年，台灣人至少要登玉山一次，領略台灣之美，那日月潭就是代表台灣的未來聖島，有生之年，每一個人更要前往一次以上，共同投入我們對美麗之島的意念，交流彼此的感情意識，那一時刻也就是台灣新世界的誕生之日。

第六章 三一九密碼

神奇密碼三一九啟動臺灣流變，有時是創格、有時是結束，或是兩者同時出現。千百年來日月潭所匯聚的大陸與海洋文明能量，要到一九二〇年才首次被日本人有系統的開發運用。戰後撤退來台的國民政府，重新展開經營台灣，還是得從日月潭出發。

這個世界最大水利工程「三峽水利工程」，二〇〇九年十月初已接近完工階段。發電半徑範圍達一千公里，幾乎含蓋全中國精華地區，而一年發電量預估可高達一千億度，規模為人類歷史之最。三峽水利工程的完工，不僅意味著中國名符其實成為世界強國，為下一世紀發展奠定基礎，更隱含著中國文明重心正式從黃河流域，南移到長江流域，打破數千年來以北方為中心的國家與宇宙論述。

對比於這二十多年來兩岸情勢變化，我因為在關仔嶺探索自我的內在生命與台灣運命連結，而能及早打開三一九密碼與台灣命運，乃至於全球人類文明的密碼，生命內在能量終於獲得整合。於是當華人成為全球焦點的氣勢形成時，我才能提早準備以台灣為新起點，以日月潭為新中心展開新的事業，並且要把整合的自己，和整合的台灣連結顯現出來，才能在二〇一〇年起亞洲時代來臨時，從華人世界邁向全球。

日月潭、阿里山是中國觀光客來台必遊的兩個景點。這兩個景點最大差別在於陸客不見得去看壯麗的阿里山日出，但一定會在日月潭玄光寺前的「日月潭」石碑前照相留念。二〇〇八年七月政府開放陸客來台，陸客因為照相卡位起口角事件愈趨頻繁後，日月潭風景區管理處雖然已多樹立石碑，滿足陸客需求，但玄光寺前的「日月潭」立碑，還是陸客的最愛。

一般來說，旅行社先安排陸客搭乘遊艇環湖，於湖中拉魯島停留片刻後，再開往玄光寺碼頭下船。陸客沿著碼頭旁步道拾級而上，隨著石階逐漸拉高，拉魯島、涵碧半島的輪廓也跟著浮出水面，到了步道終點玄光寺埕，豁然開朗，展現在眼前。我多次看到許多陸客不自禁發出讚嘆聲來，日月潭面積雖沒有中國的湖泊來得壯觀雄偉、也沒悠久的歷史人文，但景色秀麗的日月潭，有如嵌在大地的一顆綠寶石，不大不小，恰到好處，山光水影，舉目所及，盡收眼底。

我不知道陸客是否也知道蔣介石每次來日月潭，喜愛從涵碧樓的專用碼頭，搭船遊湖，與他們一樣會經過拉魯島、走石階上玄光寺後，再登上慈恩塔，飽灠日月潭湖光山色；他們或許也不清楚一九三〇年代，負責日月潭水力發電工程的台灣電力株式會社社長松木幹一郎（一八七一－一九六二），這位被尊稱為「台灣電力之父」的遊湖途徑，與後來的蔣介石，和現在的陸客，瀏覽日月潭途徑，相去無幾，但可以肯定的是數百年來，包括追逐白水鹿的邵族、荷蘭傳教士干治士、日本人松木幹一郎、國民黨總裁蔣介石、大陸觀光客等等各式各樣的人們，以及我自己，都會被日月潭的景色吸引。

「台灣之心」日月潭　匯聚大陸與海洋文明能量

從地理形勢來看，玄光寺背後的青龍山系與涵碧樓背後的貓蘭山系，分別為正東南與西北向。夾著西南方的月潭，和東北方的日潭，有如兩條巨龍般交會於湖中的拉魯島。這兩條巨龍，從中國地理風水來看，也就是一般說的龍脈，日潭代表崑崙山脈左青龍一脈，經黃河平原、朝鮮半島、日本、琉球，自宜蘭登陸台灣，然後穿越中央山脈、合歡山而後抵達日月潭，屬於東北來龍。月潭則是崑崙山脈右白虎一脈，經青康藏高原、中南半島，穿越南海，由高雄登陸台灣而後，延中央山脈、玉山抵達日月潭，屬於西南來龍，它們分別意含著來自西南海洋、東北大地的能量，匯聚於日月潭後，分別自西北貓蘭山、東南青龍山向外幅射出去。來自四個方向的能量，可以說分別反映了太平洋、歐亞大陸兩種海洋、大陸文明形態，交會於台灣的日月潭，正好形成大十字，拉魯島則有如被東南西北四股地理能量衝擊形成的一顆明珠。

千百年來日月潭所匯聚的大陸與海洋文明能量，要到一九二〇年才第一次被有系統的開發運用。從一九一七年總督府提出興建日月潭水力發電計劃起，到一九八五年明湖抽蓄發電廠落成啟用，日月潭成為「台灣之心」的硬體改造工程才算大功告成。長達六十八年、橫跨日本執政、國民黨執政兩個時期，興建過程一波三折的日月潭水力發電興建，不單只是興建發電廠，做為供應台灣電力的樞紐，某一程度來說，它也是最能彰顯台灣整合，邁向新起點的代表。

台灣第一所發電廠位於新店的龜山。一九〇五年啟用，主要供應總督府、艋舺、大稻埕地區。龜山發電廠，象徵台灣往現代化國家邁進一大步，但開始有規劃性興建全台電廠則是在一九一七年，由總督府土木局長山形要助提出的日月潭水力發電計劃。

為了興建日月潭水力發電，總督府籌組台灣電力株式會社負責，於一九一九年自縱貫鐵路二水站，開闢集集支線，直達今南投縣國姓鄉北山村，運送工程所需設備、物質，並興建門牌潭發電所，供應工程電力需求。然而門牌潭發電所完工不久，日本國內受第一次世界大戰後經濟蕭條衝擊，資金調度出現困難，工程走走停停，一九二六年終於停工。三年後，日本帝國議會提議發行公債，政府擔保下，日月潭水力發電計劃復工露出生機。

一九三一年底，第一期與第二期工程共六・八五〇萬日圓資金籌措到位後，日月潭水力發電工程全面復工，並在加速趕工下，一九三九年先後完成水社壩、頭社壩、武界引水道、第一發電所、第二發電所啟用後，所產生的電力供應全台，綽綽有餘，從而奠定日月潭成為台灣電力樞紐的地位。

清水新高港　前進東亞、邁向全球的基地

日月潭第一發電所、第二發電所運轉後，總督府進一步於一九四一年興建萬大發電所，為台灣朝向工業化電力供需預做準備。

一九四三年萬大發電所運轉後，日月潭水力發電計劃包括三座水力發電廠，發電量近十五萬千瓦；日月潭湖面因而增加一．三五倍，達七．七三平方公里、蓄水容量則增加了六．七二倍、達一．二三億立方公尺，總共動用勞工人數高達二五四萬人次。日月潭水力發電計劃，無論就工程設計、發電規模，在當時均屬世界一流水準。例如武界引水道工程（包括十五公里長的引水道、一六〇公尺高的武界堰隄、總共近五十公里長的開渠水路），原本估計要十八年的工期，結果只花了九年便竣工。

日月潭水力發電的特色是引取濁水溪水注入日月潭，再利用水位落差產生電能，這使得日月潭不僅成為整個水力發電工程核心，也因經由跨界取水的人為工程，巧妙的讓中央山脈與湖水連貫一氣，從而拉高日月潭成為引領台灣的新中心。

濁水溪發源於中央山脈北段的合歡山東峰佐久間鞍部，然後穿越中央山脈、玉山山脈，經水里、二水，自雲林麥寮出海。濁水溪不但是台灣最長河流，也是台灣人文、地理的重要分界線，

主力，佔當時電力系統百分之三十七。六○年代，第二發電所也加入供電行列，對戰後台灣重建扮演的不只是能源供應角色，也間接具有穩定人心功能。蔣介石將第一發電所更名為「大觀」，即取「集大成」之意，就如一九六三年宋美齡陪伴蔣介石巡視日月潭時，將第二發電所更名為「鉅工」，其寓意如出一轍。

一九七四年，蔣經國宣布十大建設，其中之一的台中港，便是延續日治時期的新高港。台灣南北雖各有基隆、高雄兩個天然港，日治時期也分別有計劃興建成現代國際港，但如果台灣要進一步做為日本前進太平洋的基地，就必須在中部地區另蓋商港，以串連南北與日月潭水力發電廠。十大建設的台中港，雖然功能已有改變，但定位與新高港相去不遠。一九八三年台中港第一期工程完成，開始啟用，也是台灣經濟起飛時代，於是進一步規劃興建明湖、明潭發電廠，分別於一九八五、一九九四年開始運轉。這是亞洲第一個抽蓄式水力發電廠，明潭的抽蓄機組總裝置容量一六六四．一二MW，位居全球第四大，日月潭成為台灣電力樞紐的世紀工程，終告完成。

從一九一七年至一九九四年，歷經七十七個寒暑，跨越日治、國民黨政府兩個執政時期，規劃新台灣出路，都是以日月潭為起點，在前人的基礎上，持續擴大水力發電規模，讓日月潭，成為全世界唯一有潮汐的內陸湖泊。它的面積不大，但就如日月潭的發電原理是藉由湖水水位落差，循環利用產生電能而源源不絕，也很像地球、月球天體運轉定律產生潮汐而生生不息。人為建設與自然現象，竟能同時出現在日月潭，這就是我說的台灣與生俱來的機運，化命運與運命的奇妙之處。

三峽工程　為下一世紀發展奠定基礎

人為建設與自然現象，竟能同時出現在日月潭，這就是我說的台灣與生俱來的機運，化命運與運命的奇妙之處。

如果說日月潭具有領航台灣的象徵，三峽水利樞紐工程就是新中國的領航，只是興建過程比日月潭更為一波三折。

三峽工程的完工，不僅意味著中國名符其實成為世界強國，為下一世紀發展奠定基礎，更隱含著中國文明重心正式從黃河流域，南移到長江流域。

三峽水利工程，最早出現在孫文所著的建國方略一書，但開始做初步評估，則是一九四〇年代美國水利工程專家在實地考察三峽地區後，提出揚子江三峽計劃初步報告裡，但要到一九六〇年代，中國總理周恩來主持三峽工程探勘與設計，才首度提出具體方案，不過卻因為技術、資金，以及內部對三峽工程效益有不同論爭，毛澤東最後決定先興建葛洲壩水電站，做為三峽水利工程的實驗性工程。

三峽工程計劃在湖北宜昌截取長江江水，興建大壩，與下游的葛洲壩水電站，形成梯級調度電站，總裝置容量一、七六八萬千瓦，建成後是全世界最大水力發電廠。

葛洲壩水電站於一九七一年動工，因為工程品質與設計出現問題隨即停工。一九七四年復工到一九八八年建成時，三峽水利樞紐工程的主體建設計劃，因為國內對三峽大壩的技術、環保、移民、文化資產保存等問題，論辯不止，而遲遲未獲通過，直到一九九二年四月初，中國人大會才表決通過，但贊成票數只有總票數的百分之六十七，創下中國人大會成立以來迄今，表決重大議案得票數最低的議案，而且還要等到一九九四年底，三峽工程才正式動工興建，由此可見它的複雜度與爭議性。

三峽工程之所以能在一九九二年拍板定案，最大因素來自於鄧小平。

一九四九年，共產黨取得政權，成立中華人民共和國，但內部權力與路線鬥爭，接連爆發大

民國四十二年日月潭邵族少女。

躍進、文化大革命，導致近二十年社會動盪不安。一九七八年，鄧小平復出掌握大權，開始推動一系列改革開放政策，以擺脫國家發展受共產主義的教條束縛，一九八五年再擴大市場經濟規模，國營企業引入企業化經營概念、鼓勵私人企業，改革深化的結果，奠定今天中國崛起成為世界強國的分水嶺，但在當時共產黨內部並沒有取得一致共識，暗潮洶湧。

共產黨內部對改革開放，走向市場經濟爭議不休，到了一九八〇年代逐漸檯面化，主要來自兩個因素。一是國際情勢的改變；另一則是國內社會問題。

一九八五年，戈巴契夫成為蘇聯有

史以來最年輕的中央總書記後，放棄列寧主義，引進市場經濟，減少干涉東歐國家內政等一系列改革措施。戈巴契夫的改革政策改變了二次大戰結束後長達四十多年的世界冷戰對峙狀態，蘇聯解體，以及東歐民主化，讓世界走向和解新局。這個重大遽變，雖然讓戈巴契夫贏得一九九〇年諾貝爾和平獎，但在蘇聯內部則因為市場經濟與民主政治調整不適，導致社會問題層出不窮，反戈巴契夫的保守勢力大為看漲，一九九一年戈巴契夫被迫宣佈辭職。

蘇聯改革出現的動盪，加深了中國保守派的憂慮，深怕過度發展市場經濟結果，會引發政治改革風潮，而高舉堅持馬列主義與毛澤東思想，做為抵制改革派的政治屏障。另一方面，改革開放帶來的社會問題也開始一一浮現，例如通貨膨漲、糧食民生物資的缺乏、失業人口急速增加、農村貧窮人口大量湧進城市、以及官僚貪污事件上升等。這些問題在一九八〇年代末期攀升到高峰，加入若干知識分子趁勢串連提出開放民主的聲音出現後，中國社會已經彌漫著不安氣氛，從而爆發一九八九年震驚全球的六四事件。

一九八九年四月中旬，被視為改革派領袖的中共總書記胡耀邦突然去世，北京學生發起悼念活動，進而要求中央採取更多的民主自由措施。這些要求並沒有獲得中央回應，促使悼念活動迅速演變成絕食與大規模遊行示威，並且進一步蔓延到全國各地，事態嚴重，大有一發不可收拾之態。六月三日深夜，中央宣佈北京戒嚴，解放軍部隊進城展開鎮壓，與學生、民眾爆發流血衝突的六四事件。

六四事件後，中央展開全國性大規模的逮捕知識分子與民運學生，中共以趙紫陽為首的改革派紛紛失勢下台；相對的，歐美各國也譴責中國軍事鎮壓行動，並實施不同程度的制裁措施，中國的國際形象受到重創，改革開放、市場經濟陷入風雨飄搖。於是鄧小平藉由一九九二年一月中旬起展開為期近一個月的視察深圳、珠海、廣州、上海等沿海實施開放政策的城市之便，發表談話，鞏固並強化改革開放路線。這就是著名的南巡講話。

南巡講話的重點只有一個：全力發展經濟，但為了安撫右派反彈情緒，冠上一個「具有中國特色社會主義」的名稱。緊接著，三月初，鄧小平結束南巡返回北京，由江澤民主持的中央政治局會議通過決議，正式成為黨的政策。

鄧小平的南巡講話確立了開放改革路線，一個月後，人大會就通過了三峽水利樞紐工程計劃。這個世界最大水利工程，總投資金額超過二千億人民幣，經過十五年施工，二〇〇九年十月初，三峽蓄水位達到最終水位的一七五公尺，已接近完工階段，發電半逕範圍達一千公里，幾乎含蓋全中國精華地區，而一年發電量預估可高達一千億度，規模為歷史之最。

撇開三峽工程迄今仍然爭議不斷的環保等問題不論，它的完工，不僅意味著中國名符其實成為世界強國，為下一世紀發展奠定基礎，更隱含著中國文明重心正式從黃河流域，南移到長江流域，打破數千年來以北方為中心的國家與宇宙論述。

武漢、上海、台灣大三角地帶　兩岸進軍全球基地

長江與黃河雖然同樣都發源於青海，長江全長六．三八〇公里，是亞洲第一、全球第三大長的河流，年流量佔全中國河川總流量的三分之一，比全長五四六四公里、全球第五大長的黃河，還要多出近一千公里，然而自古以來，黃河卻象徵著中國文化的發源地。我們常說的「中原」、「中國」，地理區域便是在黃河中下游的山西、河北、河南與山東。

無論是從最初神話，北方的黃帝打敗南方的蚩尤，還是進入歷史時期後秦始皇一統六國以降，黃河一直是中國的中心，中華文化的發祥地，長江則是中心的附屬、邊陲。

長江與黃河，概念上，可以說分別代表水相文明與陸相文明，這就像是晚近以來，我們才知道由漢朝時代自浙江、福建、廣東沿海發展的南方海上絲路，對形塑中原文明的影響力，絲毫不亞於以西安為起點的西方陸地絲路，但好長的一段時間，海上絲路一直隱沒於歷史洪流裡；也像是直到晚近，從長江下游出土的考古遺址文物發現，七千年前，南方部落就已發展出成熟的文明社會，種稻、飼養豬、雞等家禽，以及特有的杆欄式建築，既有別於北方文明形態，年代也不比北方文明來得晚，但好長的一段時間，我們只知河南殷墟（商代），卻不知浙江的河姆渡，也是

中華文化的發祥地之一；這也像是從宋代起，長江流域以南的經貿力量，源源不斷奧援北方，但是政治、社會的主導力量，還是掌握在北方手裡。

這種北主南屬、北政南經的國家與宇宙論述形態，開始有結構性的轉變是一九八七年起的改革開放。由長江下游、珠江下游沿海城市率先實驗性的經濟開放政策，成果超乎預期，進而從南方沿海城市擴大到鄰近都市，終於導致一九九二年鄧小平南巡講話。自此之後，「大膽地試、大膽的闖」成為中國改革開放路線的主軸。也就是在這一年，出生於江蘇、前上海市長的江澤民，自一九八九年接任共產黨中央委員會總書記、中央軍事委員會主席後，終於成為鄧小平的接班人，全面掌握黨政軍大權，一年後接任中華人民共和國國家主席。

三峽水利樞紐工程計劃，讓中國現代化再往上升一級，其影響遠超過工程本身所帶來的經濟效益，現在分析家紛紛預測中國會在何時超越美國成為全球最大經濟體，不管是二〇二〇年說，還是二〇三五年說，三峽工程的完成，無疑是扮演了關鍵的角色。

二〇〇八年底中國宣佈投入總金額高達四兆人民幣經費，沿著三峽大壩以東，長江中下游武漢、九江、南京等沿江城市，啟動新一波的五年建設計劃。這個五年計劃完成後，湖北的武漢將成為北方、南方交通的樞紐中心，往西北連結西安、往北直通北京、往東則是長江出海口的上海，上海也因此而成為三峽工程最大受益都市。

長江經過武漢後，接下來另一個新興中心是江西。自九江、南昌一路往南分別可以串連福建海西經濟特區、廣東珠江三角洲及香港串連一起，其中又以海西經濟特區，與台灣互為犄角，成為新興中的新興。

位於長江、黃浦江交會的上海，本來就具有優越的地理位置，本世紀初以來就是中國經濟、金融中心，改革開放後，迅速發展，愈來愈在全球交通航線、金融商業具有舉足輕重的地位。現在挾著長江流域廣大腹地、人力，上海更像是帶領長江的巨龍，奔向大海。至於九江、南昌以南到福建，然後跨過台灣海峽，延伸至台灣，成為南方主力後盾。而這個由武漢、上海、台灣構成的大三角地帶，將成為未來兩岸進軍全球的基地。

一九九二年 是台灣、中國，也是全球轉變的啟動年

這一切都得回溯到一九九二年。這一年，中國數千年根深蒂固的北方主宰意識，開始出現逆轉，新興的南方力量主導中國未來發展。這一年，因為三峽工程的定案，啟動了南北整合，隨著二〇〇九年三峽工程全部完工，過去中原大陸型文明代表都市——西安，注入三峽大壩以東的第一個最大都市武漢，沿著長江，順流而下到江西九江後，一路繼續往東，由上海入海；一路自廬山，沿著長江支流贛江，往南穿越武夷山，抵達福建。

西安地處中國地理中心，歷史以來共有十六個朝代建都於此，她是中原文明與大陸型文明的代表城市，也是中原世界的中心。大唐盛世時，西安（長安）是東西文明的交會處，絲路自長安一路向西，深入亞洲心臟，到達印度、歐洲。沿途無數高山峻嶺，湖泊沙漠中，以天山最為著名，許多神話傳奇、宗教、武俠小說即以天山為背景。

隨著三峽大壩完工，南方新中原興起，經由長江流域串連，導入中原文明後，從地理形勢來看，產生兩個新興代表城市與山脈：武漢與廬山，對中國下一階段發展具有舉足輕重的地位，一如過去大陸型文明的西安與華山。

三峽水利樞紐工程計劃，讓中國現代化再往上升一級，現在分析家紛紛預測中國會在何時超越美國成為全球最大經濟體。

長江進入湖北境內，與長江最大支流——漢水交會形成三個城市，也就是俗稱武漢三鎮的漢口、漢陽與武昌。其中，武昌是一九一一年中華民國的誕生地。一九二七年蔣介石北伐一統中國，將原本隔江各自治理的武漢三鎮合併為京兆區，總稱武漢，成為中國內陸的最大都市。廬山位於江西九江之南，緊鄰長江與中國最大淡水湖——鄱陽湖，以避暑勝地著名，在中國近代歷史卻具有重要地位。

中國第一位平民皇帝朱元璋取得政權，建立大明朝的關鍵一戰，便是鄱陽湖之役。傳說朱元璋獲得玄天上帝的協助，終於化險為夷打敗最大勁敵陳友諒。玄天上帝，即是朱元璋感念神恩所冊封，並成為大明朝的護國神祇，舉凡征戰、航海皆以玄天上帝為守護神。因此，鄭成功攻打荷蘭，相傳得媽祖庇佑，安然穿越台灣海峽波濤洶湧的黑水溝，及登陸鹿耳門，但仍以玄天上帝為護國神。

玄天上帝源於北極星，到了宋代因道教盛行，才進一步人格化為神明。北極星具有天文地理、神話宗教等多面向的意含。一般來說，玄天上帝塑像，或為披髮赤足，或頭戴圓帽，但一定手持北斗七星劍，右腳踏蛇，左腳踩龜，即反映北斗七星的概念，這也是朱元璋賜玄天上帝廟名為「北極殿」之故。

進入二十世紀後，由於蔣介石、宋美齡夫婦喜愛至廬山避暑，一九三〇年將廬山做為「夏

宋元明清的廬山書院，國共會談的廬山，
「武漢」，未來大東亞的意識中心。

都」，這與後來蔣介石喜愛並重視日月潭，如出一轍，但在意識上，重要的是將廬山與日月潭連結一起。一九三七年，蔣介石便是在廬山發表著名的抗戰談話。一九四五年，日本投降，這裡也曾是國共內戰的談判地點，蔣介石與宋美齡在廬山的別墅——「美廬」，是現存曾住過國民黨蔣介石、共產黨毛澤東兩位最高領導人的房子。

至於廬山所在地的江西省南昌，在共產黨具有崇高地位。一九二七年八月一日共產黨在南昌成立第一個武裝部隊，與國民黨政府對抗，從此展開長達二十二年的國共鬥爭、內戰。

無論是中國稱為「南昌起義」，還是國民黨史定位的「南昌暴動」，南昌具有中華人民共和國發源地的標誌，人民解放軍的建軍節即是定於八月一日。

江西也是國民黨蔣經國政治生涯的起點。一九三七年，蔣經國結束十年蘇聯流放歲月，重返中國加入國民黨後，第一個行政職務就是擔任贛南地區行政督察專員兼區保安司令。依據國民黨史料記載，蔣經國大力整頓贛南地區吏治，博得民眾稱呼為「蔣青天」，雖然後來調往上海，擔任金融經濟管制遭受重大挫折，贛南和上海的經驗，可以合理推測對日後蔣經國治理台灣，應具有若干參考作用。

一九九二年，也是兩岸關係的新局。兩岸因為國共內戰，隔著台灣海峽，相互對峙近半世紀，直到一九八七年解嚴後半年，蔣經國開放探親，開啟兩岸交流，雙方於一九九一年各自成立白手套性質的民間組織，亦即台灣的海峽交流基金會（海基會）與中國的海峽兩岸關係協會（海協會）做為兩岸政府溝通橋樑，因此進入實質對話、協商階段。

一開始海基會與海協會的協商進展並不順利，但出乎意料的雙方竟在一九九二年十月香港會談中達成所謂的「九二共識」。雖然到目前為止，雙方對九二共識的內容有不同解讀，尤其是台灣內部，因為藍綠政治對立、統獨意識形態的複雜因素之故，歧見更為明顯。然而不可否認的，沒有九二共識，就不會有一九九三年四月底，海基會董事長辜振甫、海協會會長汪道涵在新加坡會談，並且達成四項協議，為未來兩岸談判建立制度化管道。其後，台灣內部政局變化，導致中國在二〇〇〇至二〇〇八年民進黨執政期間，片面中斷談判，復又於二〇〇八年國民黨馬英九當選總統，迅速達成開放陸客觀光、大三通等重要政策，以及目前正在進行中的簽署兩岸金融監理合作備忘錄（MOU）、兩岸經濟合作架構協議（ECFA）；不管期間兩岸談判橫生波折，起伏不定，基本上都以香港會談九二共識、辜汪新加坡會談為架構。

一九九二年三峽工程計劃的批准、兩岸九二共識的形成，雖然在爭議聲浪中驚險過關，並且爭議仍然持續延燒到現在，但如果把視野拉高到整個世界趨勢來看，一九九二年前後，不但是台灣、中國，也是全球轉變的啟動年。

一九九二年　也是地球環境保護關鍵年

最近由「ID4」(Independence Day)、「明天過後」（The Day After Tommorow）導演羅蘭·艾默奇（Roland Emmerich）執導的科幻災難電影「二〇一二」上演，再度引發人們對世界末日的探討。「二〇一二」電影取材自瑪雅人預言。

據傳七五五年，瑪雅一位僧侶預言，一九九二年人類開始進入新的意識覺醒，以及地球重新淨化的時期，然後到了二〇一二年人類將產生新的文明。這個預言主要來自於瑪雅曆法。古代瑪雅人從觀測月球、地球、金星繞行太陽運行軌跡計算出三種極為精確曆法：神曆、太陽曆與長年曆。神曆每年二六〇天，由二十位神明和一至十三數字不斷組合循環，分別代表二六〇天裡的每一天，有點類似中國的天干地支。太陽曆是依據繞行太陽軌道運算出一年為三六五．二四二一二九天，這和現代天文科學測量出來的一年三六五．二四二一九八天，只相差萬分之一。最後的長年曆則是瑪雅人計算人類歷史長度與分期，這是考古學家從瑪雅遺址發現的石碑研究出來的結果，由於瑪雅人對天文運算的精確，長年曆的歷史分期刻度，也因而獲得很高的重視。

瑪雅神話劃分太陽系一個大周期約為五千一百多年，是為一太陽紀元，從宇宙形成到人類文明總共有五個太陽紀元。一個太陽紀元又劃分為十三個階段，每一個階段又劃分二十個演化期，每一個演化期歷時約二十年，總共有五個太陽紀元。長年曆歷史刻度記載正是第五太陽紀元，考古學家依此推算出瑪雅長年曆紀元起於西元前三一一四年八月十三日，長年曆刻度結束時間是二〇一二年十二月二十一日（一說為十二月二十二日，即中國冬至前後）。

前述瑪雅僧侶的預言即是指第五太陽紀元最後一個階段，最後二十年的演化期：一九九二至二〇一二年。由於瑪雅神話每一個太陽紀元交替都是以地球遭受毀滅性災難為起點，長年曆記載自二〇一二年十二月二十一日就結束；在穿鑿附會下被解讀為世界末路、人類滅亡。每當世紀交替，總是被拿出來議論，有謂言之鑿鑿、也有斥為無稽之談。儘管這些討論各有其立論基礎，卻大都關注在末日一事的真偽上，而忽略了預言背後所要傳達的訊息。

瑪雅預言，一如中國的易經、讖緯學，都是依據天文運轉、自然現象，對人世做成的系統性觀察。其要旨並非只預測世事變換，更是提醒人類應藉由天文運轉、自然現象周期循環交替時，做好相對性的準備，以迎接新周期，來改變現狀。也就是人類的命運可能會受制於天文自然，但並非沒有辦法改變，這也正是本書開頭就說大家共同書寫台灣，化命運為運命的立意。進一步來說，依循天文自然規律性變化，尋求天地人之間的和諧，並因勢利導創造出新的運命，其實也是一門生命科學。

因此，瑪雅預言一九九二年起人類進入第五太陽紀元最後一個演化期，到二〇一二年長年曆刻度結束時，它所要傳達的訊息，不是世界末日，而像是宗教的世界末日預言，是一種啟示與救贖，人類從末日預言獲得啟示，產生能量，找到救贖之道，邁入新的紀元。只有了解到這一層，來看一九九二年、二〇一二年，數字才具有意義。

舉例來說，一九九二年恰好也是地球環境保護關鍵的一年。一九七二年聯合國通過人類環境會議宣言（即斯德哥爾摩宣言），宣告我們只有一個地球，人類與地球環境為不可分割的共同體，這是人類踏出關注地球暖化、二氧化碳排放、臭氧層破洞問題的第一步，但各國還要歷經多年的溝通，直到一九九二年，於巴西里約熱內盧召開地球高峰會，一百五十五個國家簽署聯合國氣候變化框架公約、里約環境發展宣言（簡稱里約宣言），才有了具體共識；各國體認到必須積極採取行動，讓人類與地球能永續發展，從而促成二〇〇二年聯合國召開永續發展世界高峰會、二〇〇五年通過京都議定書，以及最近聯合國大會決議將每年的四月二十二日定為國際地球母親日。

里約宣言二十七條條文，成為日後地球永續發展的指導綱領。它的通過代表著人類對日漸興起全球化所衍生的環境破壞、生物多樣性減少等問題的一種反思與補求之道，強調各國都有責任，依其能力採取行動，實現人類與地球永續共存的目標。就這一點來看，這與瑪雅預言一九九二年人類進入第五太陽紀元最後一個演化期的訊息意含，不謀而合，都具有昭告人類開始進入新時代的象徵。

地球是平的　邁向全球化，為未來寫歷史

前幾年，媒體人出身的美國學者湯瑪士・佛里曼（Thomas Friedman）寫的一本趨勢暢銷書——世界是平的：二十一世紀簡史（The World is Flat: A Brief History of the Twenty-first Century）指出，從一九八九年十一月柏林圍牆倒塌開始釋放龐大能量以來，世界經過網路資訊等十種推動

力量產生新的社會經濟形態，導致人類開始以全球的眼光看待未來，世界逐漸形成一個沒有界線的整體，打破數百年來傳統的「地球是圓的」宇宙觀與天體運行論。

在「地球是平的」論述之前，就先有「地球村」的概念，它的起點也大約在九〇年代，柏林圍牆、蘇聯解體結束冷戰時代後，因為資訊科技力爆發、國與國之間及區域性經濟合作關係往來密切等因素，使得地球上各角落人類的距離愈來愈近，超越過去傳統地域疆界、種族的藩籬限制，逐漸產生大家都是地球村公民的意識。例如台灣在一九九〇年末，時任中央研究院長李遠哲鼓勵學子要有地球村概念，以消弭國界與種族的區隔，邁向全球化步伐，為未來寫歷史。

綜觀一九八九至二〇〇九年，既令人振奮，也令人震驚，希望與絕望交錯的年代，雖然衝突不斷，但每次大衝撞之後，都驅使世界統合向前邁進一步。

「地球是平的」、「地球村」意識，大約都源於一九九〇年代前後，它改變了人類傳統以來對地球、宇宙，乃至生命的認知，體認到人類追求科學進步、經濟發展、民主自由之外，也同時應肩負提升人類文明的責任，這與瑪雅預言一九九二年的意含，也是不謀不合。其次，從一九八九至二〇〇九年台灣、中國與世界大事簡表（表一），這二十年間，重大災難、政治、經濟、科技事件，都具有劃時代影響性，甚至超出傳統的邏輯認知，這與瑪雅預言 一九九二至二〇一二年，大致謀合。

在這二十年間裡，世界變化之快速，影響之深遠，皆超越過去的歷史時代，鐵幕竟在一夕瓦解、複製人類不再遙不可及，網路縮短人們之間距離，溝通幾乎沒有障礙，種種新的進步，帶給人類無比的希望，相信明天會更好。同樣的，SARS、H1N1等突如其來的全球流行性疾病，比「世紀黑死病」AIDS，更令人生畏；科技雖然日新月異，卻無法有效阻止全球暖化，及伴隨而來氣候異常頻率日漸升高，導致颶風、地震、海嘯等天災，造成的傷亡，比戰爭還要可怕；單一地區或單一公司的財務危機，竟在短短時間內如瘟疫般爆發全球性金融風暴，無一國家能倖免於難，種種衝突與災難，帶給人類前所未有的衝擊的同時，新的能量也日漸發芽茁壯。

附表 一九八九-二〇〇九年台灣、中國、世界大事簡表

年	台灣	中國	世界
1989		天安門事件；江澤民出任總書記	美加自由貿易協定生效；世界最大粒子加速器對撞實驗成功；首屆APEC召開；柏林圍牆倒塌
1990	學運引發民主改革	鄧小平辭軍委會主席	東西德統一
1991	終止動員戡亂時期；廢除臨時條款、懲治叛亂條例；國代全面改選；網路開始普及	首次參加APEC	南錐共同市場生效(阿根廷、巴西、巴拉圭、烏拉圭)
1992	「二二八事件」調查報告公佈；兩岸九二共識	鄧小平南巡；中共十四全確立建設富有中國特色社會主義路線；江澤民成為中國領導人	里約宣言(環境保護宣言)

1993	辜汪新加坡會談	首次兩岸交流正式協議	歐盟生效；聯合國取消對南非經濟制裁
1994	國小課程新增「鄉土教學活動」，國中新增「認識台灣」；國大修憲，總統改為直選；首次省、北高市長民選	千島湖事件；三峽工程動工	北美自由貿易協定生效；曼德拉就職南非總統
1995	全民健保施行；李登輝總統赴美「私人訪問」	停止兩岸會談	WTO成立
1996	首次總統民選	台海飛彈危機	日美安全保障聯合宣言；Internet廣泛流行
1997	劉邦友血案、彭婉如命案、白曉燕命案	鄧小平去世；香港回歸	首隻複製羊成功；泰銖貶值引發亞洲金融風暴
1998	實施週休二日；公共電視台開播；李遠哲提「地球村」概念	美國給與中國正常貿易國家；柯林頓訪中，提「新三不」	聯合國通過巴勒斯坦具實體國家地位

1999	九二一大地震	澳門回歸	北愛和平協議生效
2000	第一次政黨輪替；國大虛級化；核四停建		石油價格創十年最大漲幅
2001	開放金、馬、澎湖小三通；以台澎金馬關稅領域名義成為WTO會員國	加入WTO	人類基因圖公布；九一一恐怖攻擊事件；人體胚胎複製成功
2002	新版護照發行，封面加註「ISSUED IN TAIWAN」	GDP首度突破十萬億元、成為外資投資最大國；三峽工程全面施工	歐元正式流通
2003		胡錦濤出任國家主席；三峽大壩開始蓄水	東協自由貿易區啟動；高盛投資銀行提金磚四國研究報告(中國、俄羅斯、印度、巴西)；SARS流行
2004	陳水扁連任總統	反分裂國家法	南亞海嘯

2005	連戰、宋楚瑜相繼訪問中國		京都議定書(限制溫室氣體排放量)生效；卡崔娜颶風重創紐奧爾良
2006		青藏鐵路通車	
2007	紅衫軍倒扁運動	嫦娥1號發射成功	
2008	第二次政黨輪替；國台辦主任陳雲林訪台；開放陸客觀光、兩岸大三通；前總統陳水扁遭收押	西藏抗暴；汶川大地震；北京奧運；毒奶粉事件；〇八憲章；中國網路人口數近三億	房地美與房利美倒閉引發全球金融危機
2009	以中華台北名義成為WHO觀察員	宣佈加快推動海西經濟特區；三峽大壩完工	金磚四國元首首度舉行高峰會；H1N1新流感

台灣經驗　啟發中國改變的重要推力之一

綜觀一九八九至二〇〇九年，既令人振奮，也令人震驚，希望與絕望交錯的年代，雖然衝突不斷，但每次大衝撞之後，都驅使世界統合向前邁進一步。把台灣與中國，這兩個重要華人世界的發展軌跡，放進全球發展脈絡來看，一九九二年可以說這個新階段的起點，台灣與中國不約而同的在這前後完成日月潭水力發電建設，及通過三峽水利工程樞紐計劃。

日月潭水力發電完工，代表著台灣完成統合，準備進入二十一世紀。十五年後，三峽水利工程全部完工，象徵著兩岸統合進入新局面。我認為這不單是一種時間上的巧合，而是顯露上天賦予華人的使命，驅使台灣積極參與，並扮演領航者的角色。

就台灣與中國而言，無論是土地面積、人口、經濟產值，台灣不及中國十分之一，尤其是中國成為世界工廠與強國，台灣受中國磁吸效應，及受限於國際活動空間，台灣被邊緣化的論點，日漸發酵，但是從歷史、地理的角度來看，台灣一直都走在中國前端，不斷樹立華人世界的典範。例如十六、十七世紀大航海時代來臨，開始改變世界時，中國仍然故步自封，台灣一躍成為全球貿易網絡的重要轉運點；十九世紀，中國陷入內亂外憂，國力一蹶不振，台灣全面開發，對外貿易快速成長，奠定轉型為現代社會基礎；二十世紀以來，世界開始露出整合趨勢的第一道曙光時，當中國內部動亂一波接著一波，台灣大力建設做為前進太平洋的基地，並且分別在經濟、政治，乃至於華人文明都創造令人嘖嘖稱奇的經驗，即使一九九〇年後期，中國改革開放成果日漸擴大，成為強國，台灣依舊活力旺盛，甚至可以驕傲的說台灣經驗是啟發中國改變的重要推力之一，如今中國國力、經濟規模都遠遠超過台灣，但在社會多元、現代文明、民主政治等各層面，台灣仍是中國的借鏡。

於是接下來的問題是在世界走向全球化、地球村之際，台灣的使命是什麼？

現在大家都在談如何邁向全球之路，但我指的台灣邁向全球之路，並不是企業經營、趨勢分析等學者專家提出諸如財富管理、充實技能等一類的對策，而是台灣應該把視野拉到人類文明的高度，來思考其可以扮演的角色時，就會發現台灣的力量，比我們想像還要來得強大許多；也會了解台灣進入歷史時期以來，住在這塊土地的先驅者，無論是華裔子民、或是外來種族，他們的思考主軸最後都回到要把台灣推向東亞，帶領亞洲大陸走進大洋。用現在說法，台灣早就代代傳承，進行全球化、地球村。因此，要了解台灣的使命，首先要回到過往以來台灣發展經驗中探索，由那些在台灣打拚的祖先遺留的資產裡尋找靈感，從自然創造出來的台灣大地山川中觸發啟思。

四百年來，這種來自於內在力量，不斷因應時代變化做調整改變，正是創造台灣經驗的最大動力，也是台灣經驗的真正內涵。要把台灣經驗轉化、提升為未來台灣邁向全球之路的能量，必須從天、地、人全方位探討，方能聚集包含意識在內的所有能量，使命自然清晰而明確。

我把這種全方位探索過程稱為「滙聚祖靈」，一如母親的子宮是孕育生命的源頭，台灣生命則是來自於大地山川與生俱來的能量、先祖們的智慧，彼此相互激盪，然後代代傳承到現在的我們，再迸出新的火花，完成未竟之志；也就是沈葆楨那幅氣勢滂薄對聯最後一句的「創格」，同時指出鄭成功開創格局，萬古第一人，以及台灣在華人世界、全球的獨創性。

三一九 啟動台灣「創格」的神奇密碼

就因為這種「創格」，台灣展現強勁的包容力與生命力，不同族群來到台灣，絕大多數最後都變成台灣人；不同族群的統治，最後還是回歸到以台灣為中心，讓她從海隅孤島轉化為美麗福爾摩沙。這種萬古未曾有的奇特「創格」，溯本追源是自一六四四年四月二十五日凌晨，明朝最後一位皇帝——明思宗朱由檢於煤山自縊，結束大明二百七十六年國祚，由大清國世祖愛新覺羅．福臨接掌天下，年號順治開始。

一六四四年西曆四月二十五日是農曆三月十九日，於是三一九成了啟動台灣「創格」的神奇密碼。

明思宗朱由檢在位十七年，李自成率領的農民軍攻入北京後，三一九凌晨他披頭散髮赤腳自縊，身邊只有一位太監相陪，三天後屍體才被尋獲。大明亡國，大清繼起，不滿異族統治的漢人，陸續成立四個流亡政府，展開反清復明的軍事抗爭，一直到一六八四年，鄭克塽投降，最後一位大明皇族、朱元璋嫡系子孫寧靖王朱術桂在官邸（今台南市大天后宮）自盡，台灣納入大清版圖，軍事反抗行動才告結束。

順治是滿洲女真人建立大清國，進入山海關後第一位皇帝。在位十八年，有關順治的死因，民間有不同傳說。有的說順治寵愛的董鄂妃病逝，深受打擊，遁入空門。前幾年又傳出另一種說法，一六六一年順治率領大軍攻打鄭成功，在廈門遭鄭軍砲擊身亡，清聖祖康熙繼位，顧及有辱大清國威、皇族顏面，以及憂慮助長反清士氣，才秘而不宣。

一六六一年農曆二月順治逝世時，鄭成功早已決定攻打台灣，並於農曆三月出兵澎湖。就史實而言，順治廈門砲擊身亡之說，顯然證據不足。但是傳說與神話，不同於正史，在於它反映了人們內心意識，經由傳說、神話，潛存於人們心靈深層的集體意識得以流傳、匯聚，以及化為實現的力量。

把順治遭鄭成功軍隊大砲轟死的傳說，與北白川宮能久親王死亡之謎放在一起，就可以體會傳說的意義。

一八九五年台灣割讓給日本，北白川宮能久親王是征台總司令官。日本軍隊自台北貢寮登陸後，一路輕取北台灣，但從彰化以南，遭遇台灣人強大反抗。傳說北白川宮能久親王在佳里鎮外被埋伏於稻田裡的農民殺死。台灣有句俗語「竹竿倒菜刀」，描述的就是指農民拿著自製簡陋武器，砍死北白川宮能久親王。然而日本官方對其死因及死亡日期，卻刻意淡化，甚至記載他是回到東京後才病死。然而，北白川宮能久親王確實死於台南，為了紀念他，日本先在現在台南忠義路蓋起台南神社，將他神格化，一九〇一年再於台北圓山飯店現址興建台灣神社（又稱台灣神宮），這座日治時期台灣最重要的神社，主要即奉祀北白川宮能久親王，影響所及，全台各縣市神社，也都供奉他。

順治與北白川宮能久親王死因傳說，皆顯露時代大衝撞，造成台灣命運扭轉下的意識反映。傳說可以從不同角度解讀，但一定有所本，傳說的源頭，就是一個地區、族群意識的起點。這就像一七二一年，朱一貴以明思宗第三太子名義號召抗清，不到一個月，攻破台南府城，自封「中興王」，建國號「大明」，震動北京，調派福建大軍攻打。

朱一貴民變很快就被敉平，但它是清代統治台灣第一起民變，自此之後，大小民變不斷，清朝官方以「三年一小變、五年一大變」描述台灣難治理，影響深遠。而朱一貴自稱三太子之說，來自於明思宗自縊時，吩咐親信帶著三個兒子：太子、定王、永王，易服逃亡。由於兵荒馬亂，三個兒子下落，有的說遭順治下令處死，有的說不知去向。但接下來開始傳出自稱三太子，號召反清復明，令清朝十分苦惱，殺了一個，又冒出一個三太子。

順治時代，浙江、福建、廣西等各地先後成立四個南明流亡朝廷，但沒有人願意承認三太子，奉為正朔，甚至還暗中排擠，惟獨在台灣，朱一貴領兵反清，各方響應，很快的就拿下台南府城。雖然朱一貴最後兵敗被送至北京凌遲處死，不以功敗論英雄，與那些南明流亡朝廷相比，台灣才是真正華人意識中心。

擁抱大海　創造台灣新格局

台灣位處菲律賓板塊、歐亞板塊交界，地震頻繁，一九三五年四月二十一日新竹—台中大地震是台灣有史以來傷亡最慘重的地震，由於震央位於苗栗三義附近的關刀山，又稱關刀山地震。這個規模七．一級地震，造成三、二七六人死亡、一萬多人受傷、兩萬多戶房屋全毀或半倒。四月二十一日主震爆發後，直到七月陸續發生規模五．六至六．二級不同的餘震，造成四十四人死亡、近一千八百間房屋倒塌，可見其威力之大，比一九九九年九月二十一日規模七．三級的九二一集集大地震造成的死傷、房屋全倒、半倒還要多。

清水蔡家雖也在一九三五年大地震有所傷亡，但令我注意的是伯仲樓，這棟某一程度可以說代表一九三〇年台灣民族運動誕生地之一的西式洋樓，也同時在這次大地震中倒塌，象徵著清水

武漢與廬山，對中國下一階段發展具有舉足輕重的地位，一如過去大陸型文明的西安與華山。

蔡家命運展開了另一個階段的蛻變。

一九三五年四月二十一日，這天是農曆三月十九日。

一九三五年是日本統治台灣四十年。四十年間，無論在經濟、交通、社會、文化、自治等各方面，台灣可以說脫胎換骨般轉成準現代化國家，前述說的日月潭水力發電就是完成於此一時期，從鄭成功以降多人努力帶領台灣邁進東亞，歷經三個世紀，終於在二十世紀三〇年代，達到頂峰，並且還進一步延伸至太平洋。

三〇年代台灣朝氣蓬勃，就連殖民政府向來最禁忌的政治、報紙也嶄露頭角，總督府最後不得不做若干程度妥協，這是華人世界從未有的現象。異族統治下的台灣有如此傲人的成就，以傳統狹隘大陸型文明的政治標準來看，顯然內心無法認同，可是放到台灣與世界歷史發展裡來看，這並不是台灣第一次在異族統治下展現活力，即使清朝統治台灣的二一二年期間，在一八八四年之前，採取消極治理，無所作為，台灣活力，絲毫不受影響。

換言之，台灣做為華人新的移民世界，突破了傳統中國政治、文化、社會舊有框架，逐步建構一個新華人價值觀與世界觀。當初鄭成功與閩南移民來到台灣，除了求生存，也企圖運用台灣地理形勢、國際趨勢來創造自我，以及打造一個華人新格局，做為中國大陸，及至於華人的典範。要創造台灣新格局，只有擁抱大海、走向大海一途，這與比鄭成功更早移民至東南亞印尼、菲律賓等國閩南人，大多數是為了生活的動機，大不相同。

新興亞洲　將成為全球最大經濟體

這個華人世界前所未有的改變，扭轉命運，創造運命，開端於三一九。三一九是新台灣人意識的源頭。一九三五年的三一九地牛翻身，昭告著台灣又要往前邁進了。

到了一九九二年，如前面所述世界開始走向「平的」、兩岸也展開新局面之際。三一九又出現，而且很巧合的國曆都是在四月二十一日。

一九九二年四月二十一日，農曆三月十九日，關刀山再度出現地震。這次地震並沒有造成傷亡。但資料顯示一九〇〇年至一九九九年，九十一起台灣重大地震災害中，就只有一九三五年、一九九二年兩次地震的時間，國曆、農曆都在同一天，生命轉折如此巧妙，令人訝異，尤其是一九三五年、一九九二年都與鄭成功創造台灣新格局有關，似乎冥冥之中，再次傳達三一九密碼。

同樣的，紛擾多年的三峽水利樞紐工程計劃定案，及兩岸第一次的辜汪新加坡會談，剛好橫跨三一九前後。到了二〇〇五年，國民黨主席連戰到中國訪問，這場被認為歷史性的破冰和平之旅，連戰成為兩岸分裂以來，第一位國民黨主席踏上中國大陸土地，也是國民黨、共產黨領導人第一次舉行會談並發表共識，象徵著國共恩怨劃下句點。連戰率領的國民黨訪問團4月26日從台北飛抵南京，四月二十七日，他前往中山陵拜謁創建中華民國國父、國民黨總理孫文，這一天就是農曆三月十九日。兩天後，他與胡錦濤在北京舉行歷史性會談，時間如此之巧妙，就如連戰在中山陵時說，對國民黨來講，南京是具有歷史連結與感情連結的地方。三一九再度連結兩岸華人，它的格局不是只侷限於兩岸、國共兩黨，而是在全球化來臨時，做為華人領航者的台灣，應該要有更高的視野，提升到成為全人類文明的典範。

二〇〇三年，三峽大壩開始蓄水的同一年，東協自由貿易區（ASEAN Free Trade Area。AFTA）也開始啟動。東協自由貿易區構想，緣於一九九七年亞洲金融風暴，東南亞國家有感區域合作的重要，一九九二年印尼等東南亞十個國家領導人於新加坡舉行高峰會談正式提出，比照北美自由貿易協定、歐盟概念，在亞洲也創造一個共同貿易市場，其後隨著中國經濟茁壯，從二〇〇二年逐漸擴大為東協十加一（中國）、東協十加三（中國、日本、南韓），透過互相簽署經濟合作協議，從二〇一〇年起逐漸擴大自由貿易區範圍，一旦東協十加三順利建構完成，其經濟體規模將超越歐盟，改變百年來歐美主導世界經貿局勢，也就是說整合後的亞洲，將成為一條巨龍。

東亞共同體（或稱亞洲共同體），就是繼東協自由貿易區衍生出來的概念，二〇〇五年，東協十加三於馬來西亞吉隆坡舉行高峰會確立此一主張，雖然有關東亞共同體的可行性，迄今仍有爭議，但可以確定的是東協十加三會員國都體認到合作的必要性，只有合作，亞洲才能開創新局，才能在世界與歐美鼎足而立，甚至成為全球新龍頭。

就在東協自由貿易區啟動的同一年，由高盛銀行研究報告提出的四個新興國家：巴西、俄羅斯、印度、中國（BRICs，合併這四國國家英文名首字，中譯「金磚四國」），開始成為全球討論焦點。雖然對於高盛銀行樂觀預估二十年後，金磚四國，都能躋身世界前十大經濟體的分析，目前有不同看法，但現在有愈來愈多的人認為，二〇一〇年東協十加一成立後，中國、俄羅斯、印度等新興國家將會衝擊現有世界經濟強權的領導地位。

由表二概要列舉台灣、中國、東協會員國、歐盟會員國土地面積、人口、國民生產毛額來看，二〇一〇年起，中國、日本、南韓逐漸加入東協後，新興的亞洲共同體人口超過二十億，總生產毛額比歐盟還要多出一倍，僅次於美國，預估到了二〇二五年，可望超越美國，成為全球最大經濟體。

這個華人世界前所未有的改變，扭轉命運，創造運命，開端於三一九。三一九是新台灣人意識的源頭。一九三五年的三一九地牛翻身，昭告著台灣又要往前邁進了。

運用台灣優勢　拉高格局、擴大視野

一六四四年三一九到一九三五年三一九，兩個三一九時間相距近三個世紀，這段漫長歲月象徵著台灣開創東亞新格局的啟蒙階段。一九三五年三一九到一九九二年三一九，兩個三一九時間相距近一甲子，則象徵台灣由東亞再往前邁入全球。一九九二年三一九到二〇〇五年三一九，兩個三一九時間相距更是縮短至十三年，當全球出現劇烈變化之際，其實台灣早就在等待這一刻的來臨，為了這一刻，台灣已過了三六〇多個春秋。每一個台灣人如果都有這樣的體認，就會發現台灣很偉大，自己也有力量，可以改變世界。

我也是從個人經驗裡，領悟到三一九的奧妙，讓我在遭遇困境時，得以激勵成長，放大自己格局，產生新的生命能量，重新出發，然後藉由服務更多的人，擴大自己。

一九三五年新竹—台中大地震，祖母、三叔、三姑也罹難，祖父與父母親則幸運獲救，前往彰化基督教醫院治療，因而認識蘭大衛醫生（David Landsborough）（一八七〇—一九五七）。

蘭大衛，一八九五年從英國愛丁堡大學醫學院畢業後，來到台灣。當時長老教會在馬雅各、馬偕帶領下分別於南部、北部進展的很成功，於是在馬雅各建議下，蘭大衛來到彰化，擔負起中台灣的傳教、醫療重責，彰化基督教醫院便是由他所創。

祖父與父親因而與蘭大衛醫生夫婦結為好友，有段時間也定期上教堂、做禮拜。蘭大衛在台灣醫療傳道四十年，他的兒子蘭大弼（一九四一－）即出生於彰化基督教醫院，父子兩人都自認為是台灣人。一九五二年，蘭大弼重回彰化執掌醫院。父親因敬仰他們父子對台灣的奉獻，時有往來。蘭大弼在彰化基督教醫院服務二十八年後，一九八〇年回到英國退休，父親還曾前往探望。

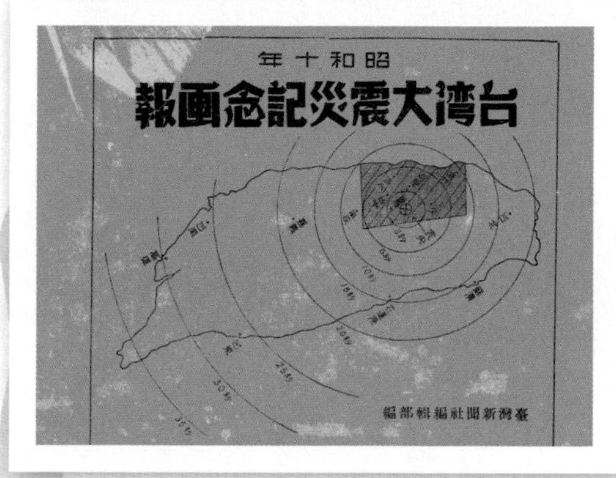

1935年台灣中部大地震災區地圖。

祖父、父親與蘭大衛、蘭大弼的故事，我是直到九〇年代，前往關仔嶺從事房地產開發事業，父親才對我提起認識蘭大衛父子、陳明清的過程。當時我雖感到震驚，但還沒有完全體會其背後的意含，直到一九八九年，我與父親前往大陸旅遊，並順便洽談在大陸發展事業，返回台灣後才猛然領悟到。

經由我在大陸合夥人安排，我和父親一路從東北哈爾濱南下，走了一趟沿海城市抵達最後一站的廈門。當時大陸仍籠罩著六四天安門事件陰影，社會也還未趨於穩定，仍可感覺到市場經濟的活力，就像國際普遍認為有朝一日中國將會崛起，從生意的眼光來看，愈是提早佈局大陸，搶得先機，愈是有利，可是就在我順利取得大陸四十一家國賓館合作開發意向書時，突然有了新的思考方向。

中國大陸市場潛力無窮，商業誘因動人，但相對的也要投入龐大資金才能掌握主導權，可是即使有了主導權，面對可預期的中國崛起事實下，中國大陸情勢也會跟著出現劇烈變化，第一波以沿海城市為主的市場經濟飽和後，改革會逐步推向內陸，華中成了第二波新興地區，意味著可能要再投入更多人力與資金，或是提早在華中佈局，才能繼續獲取最大利潤。這中間的變數太多，已超出我能掌控範圍。反過來說，既然我在台灣事業有成，何須捨近求遠，應該是運用台灣的優勢，而非靠資金獲取中國大陸市場商機。

於是我決定將事業重心放在台灣，但沒想到擴展過快，在關仔嶺栽了跟斗。我很挫折當初抱著永續經營的態度到關仔嶺，竟然馬失前蹄。當初為了要進一步落實永續經營理念，我翻閱有關關仔嶺歷史人文資料，並進而順著關仔嶺脈絡，了解明鄭時期鄭成功、陳永華經營台灣的佈局思維，希望能將人文精神融入於關仔嶺房地產開發裡，卻沒有成功，好像老天爺故意折磨似的，就在這種精神與事業陷入困境之際，想起鄭成功、蔡惠如到八田與一、想起馬雅各到陳明清，以及父親認識的蘭大衛父子時，剎那間，有如蜘蛛吐絲結網般的把看似互不相關的個別故事相互串連起來，終於意識到這一切是在指引我回到明鄭時期台灣的意識中心，原來我到關仔嶺發展，等於

台灣做為華人新的移民世界，突破了傳統中國政治、文化、社會舊有框架，逐步建構一個新華人價值觀與世界觀。

回到內心裡原始的台灣意識；我在關仔嶺的成功與失敗，一方面與當初鄭成功經營台灣模式，有著相同的結構與歷程；另一方面也提供了我，他山之石的指引，讓我了解不但必須以台灣為中心，還要拉高格局、擴大視野，才真正是大事業。

關仔嶺成了我人生的淬煉場域，也是體驗身為台灣人的含意，小我與大我在關仔嶺遇合，這就是三一九密碼，它的奧妙之處是讓住在台灣的人們，遭遇困難，能從宏觀的角度來微觀調整自己，突破困境，同時體會將小我融入於大我中，是掌握並開創未來的關鍵。這種「匯聚祖靈」的意識力量，也就是傳承鄭成功所致力於「創格」的理想：創造台灣人性格局、創造台灣新人類。而對我來說，這個重大人生轉折的時間點，恰好落在一九九二年，在我去了趟中國大陸，關仔嶺遭受挫折之後，因為有那趟中國大陸之旅，我內心裡的三一九意識才會流轉回到台灣；也因為關仔嶺的跌倒，三一九意識才能生根萌芽，開啟了我日後新的局面。

二〇一〇年亞洲時代來臨　華人世界，邁向全球

關仔嶺時期，提升了我的生命層次，除了追求事業、創造利潤，也探索生命的永續、宇宙的奧義，以及台灣在其中可以扮演的角色，而我在關仔嶺時期，也恰好是台灣、兩岸與世界開始有重大變化之際。

一九四九年國民黨政府撤退至台灣，到一九七九年，爆發美麗島事件，剛好是三十年一個世代。美麗島事件促成民進黨成立，開啟日後台灣轉型為民主政治先驅，這是中華文化五千年、華人世界從未有之創舉。其後，一九九四年，國民大會修憲通過台北市、高雄市長與台灣省長直選，參選的民進黨省長候選人陳定南以是「台灣四百年第一戰」做為競選訴求，以及國民黨省長候選人宋楚瑜則強調他在省主席任內，全台三一九鄉鎮走透透的政績，竟然都很巧合的與三一九有關連。從鄭成功以來，四百年來台灣追求建立華人新世界的理想有了初步的實踐。雖然日後台灣的政局發展起起伏伏，整合中有分裂的危機、危機中顯露整合契機，兩者一路相伴隨，但基本上並沒有偏離邁向理想的大道。

相對的，中國在一九八九年爆發的天安門事件，也剛好是法國大革命兩百年、五四運動七十周年，都是象徵著中國追求民主自由，擺脫中華文明負面僵化框框的束縛，追求建立現代文明國家的目標，其後中國大陸也和台灣歷經二十多年的整合、分裂相互交叉進行，但不同的是台灣已經走過那段最關鍵的陣痛時期，中國才剛要面對。

對比於這二十多年來兩岸情勢變化，我因為在關仔嶺的探索自我內在生命與台灣運命的連結，而能及早打開三一九與台灣命運，乃至於全球人類文明的密碼，生命內在能量終於獲得整合。於是當華人成為全球焦點的氣勢形成時，我才能提早準備以台灣為新起點，以日月潭為新中心展開新的事業，並且要把整合的自己，和整合的台灣連結顯現出來，才能在二〇一〇年起亞洲時代來臨時，從華人世界，邁向全球。

三一九再次展現奧祕，借用沈葆楨的對聯，這一次是台灣人「開新宇宙洪荒」的大好機會，我們可以完成三百多年，鄭成功、蔡惠如等人未竟之志；這一次千百年的遇合，台灣已非昔日「移民世界」，而是奮力一擊，要做人類新文明和新世界的開創者。

結語
站在文明新起點　打造黃金新世界

一五七一年西班牙在馬尼拉設立貿易據點後，官方與教會文獻出現一個新詞彙：「Sangleys」。這是西班牙殖民政府對閩南住民的稱呼，他們發現這群閩南住民十分勤奮，學習與創造力都很強，東西到了他們手上，很快就學會，再加以融會變通，最後做出來的產品，物美價廉，Sangleys因而成為西班牙治理殖民地與從事貿易不可或缺的一環。一六一九年荷蘭東印度聯合公司在現今雅加達設立總部後，Sangleys也扮演同樣的角色，最後穿針引線帶著荷蘭人到台灣。

「Sangleys」是閩南語的轉音，中文音譯、文譯是「生理人」、「生意人」。Sangleys最初專指的是從事生意的閩南人，其後泛指閩南移民者。鄭芝龍就是典型的成功「生意人」。今天的台商，也是繼承「生意人」的精神，出外打拼，那裡有機會就往那裡去，創業有成才回家鄉。「生意人」這一句話不僅指做生意賺錢，也衍生出奮鬥打拚的精神。

一七二二年，第一任巡視台灣監察御史黃叔璥（一六八二—一七五八）奉命到台灣考察後，將他在台灣實地查訪所見所聞寫成「台海使槎錄」。黃叔璥在書中以「四方奔趨圖息」來形容台灣地理，與住在這塊土地上人們的特質。「四方奔趨圖息」這六字，翻譯成白話文，就是Sangleys。

意識覺醒　打造台灣黃金之島

翻開歷史來看，生意人很早就與台灣原住民往來，黃金是最主要的交易品。生意人配合季風往返，帶著日常生活用具、衣服及裝飾品等放在約定成俗的海灘上，原住民等他們離開後才現身，滿意的話，留下黃金，帶走物品；認為不值得的話，物品原封不動留在現地。這種每年定期、雙方互不見面的交易行為，從北台灣到東台灣都可以看到，而有了一個很寫實的名稱「沈默貿易」。

「沈默貿易」反映了生意人很早對台灣就有一定程度的了解，因為生意人與原住民的「沈默貿易」觸發了西班牙、荷蘭、日本乃至於撤退來台的國民黨政府一連串尋找黃金的探勘、挖掘行動。他們相信台灣是傳說中的黃金之島，蘊藏著龐大可觀的黃金，即使到現在，還有很多人認為台灣仍有許多具有開發價值的黃金礦脈。

黃金是吸引西方國家來台灣的一個重要因素，要說台灣四百年史就是一部追逐黃金史，並不為過，一如說我們身上都有Sangleys基因，而台灣就是華人千百年來夢想中的黃金之島。

一八九〇年，因為修築基隆至台北鐵路的工人意外發現黃金，掀開了這部追逐黃金史的高峰。然而四百年來，台灣也就只有九份、金瓜石地區找到豐富的金礦，其他地區都因為開採困難、經濟效益不高等種種因素而中斷，但是人們還是沒有放棄，黃金的誘惑依舊萬分迷人，台灣是黃金之島的傳說也已深植於人心。

九份與金瓜石黃金的挖掘時間，與世界其他黃金產區相比並不算長，但就單位面積產量而言，可是全球比例最高的金礦之一，從而加深台灣黃金之島的傳說，追金之人，絡繹於途。但是，從歷史高度來看，台灣是黃金之島，指的不只是有形黃金，而是無形的黃金。黃金再珍貴，礦脈總有枯竭的一天；無形的黃金，不怕枯竭，只怕不去挖掘。

這個無形黃金，從一六四四年明朝滅亡起就已開始萌芽。在此一重大變局衝擊下，加速閩南人往海外移民，造就了更多生意人，也連帶促使鄭成功想要經略台灣。自此之後，打造台灣為黃金之島，成為所有台灣人的願景。四百年來，因為客觀環境因素導致我們無法實現願景，如今當全球變化愈來愈快，新的整合趨勢也已成形之際，如果我們再錯過了這次趁勢而起的機會，黃金之島，可能就淪為一句美麗的口號。打造台灣黃金之島，關鍵不在技術與規劃，而是大家要有共同的意識覺醒，從台灣歷史與大地裡找出共同的意識源頭，以匯集每一個人的信念、決心。只要有這樣的意識覺醒，二十年的時間就足以打造出黃金之島。台灣最密切的鄰居——日本，提供了現成的經驗範本。

九份福山宮「廟中廟」　新台灣意識與能量

一八五三年一艘美國軍艦打醒了日本長久以來的自我封閉世界，同時也激起明治天皇的改革意識，其後歷經十五年的血腥鬥爭、摸索思考，終於確定了日本今後國家走向，也就是大家熟知的明治維新。一八七五年四月六日，明治天皇率領文武百官，向天地諸神宣誓建設新國家的五項基本方針，亦即著名的五條誓文：

（一）廣興會議，萬機決於會議。

（二）上下一心，盛行經綸。

（三）自官武以迄庶民，各遂其志，勿倦人心。

（四）打破舊來之陋習，立基於天地之公義。
（五）求知識於世界，以大振皇基。

每一條誓文充滿著何等的覺醒、何等的氣勢、何等的視野、何等的力量。二十年後，日本接連打敗清朝與俄國兩大強國，將自己推向世界舞台。其後雖然因為軍國主義作祟，導致二次大戰戰敗，但短短三十多年，她又站起來，重新在世界舞台發光，背後的動力就是來自這股新興意識覺醒。五條誓文內容是明治時代的時空背景下的結晶，但它的精神卻是放諸四海。回頭看看台灣，其實也有類似的經驗可供借鏡。

九份福山宮，最令人著稱的是廟中有廟的建築格局。相傳這間建於二百年前的土地公廟，歷經一九三〇年代、一九九〇年代兩次重要改建，橫跨清朝、日治、民國三個階段，每次改建都保留了前一階段的建築主體，形成新廟包舊廟、舊廟再包原廟的三開間廟中廟特殊格局。福山宮從草創到兩次重要改建，大約反映了台灣三個階段政治、社會、經濟發展歷程，但從草創、改建形成的廟中廟，大門方向都維持同一個方向，並對準小金瓜露頭，成直線對望之勢。

小金瓜露頭是九份、金瓜石地區採金的源頭。當年修築基隆至台北鐵路時，一位曾去過舊金山採金的工人無意發現基隆河有砂金，其後循著基隆河上游，沿著在今天侯硐的大、小粗坑溪而上，找到小金瓜露頭，發現黃金礦脈，寫下日後台灣黃金開採盛世。

福山宮創建，廟門就背靠基隆山、正對小金瓜露頭，當時還沒有發現金礦，顯然就已了解這是最好的建廟位置。黃金開採興盛時期的改建，依舊維持同樣的方位；等到黃金礦脈枯楬，改建後的廟門依舊是背靠基隆山、正對小金瓜露頭。福山宮近二百年來廟門不變的例子，指出一個意含：新台灣的意識與能量，早就存在，甚至可以說在台灣島形成時，它就已經存在，等著我們去連結、運用。鄭成功是第一位把握這股意識與能量，企圖擎天擘地，開創台灣新格局，等於預告了台灣的方向與使命。

二〇一二年 開創人類新文明的起點

鄭成功開啟了發展台灣成為東亞意識中心的佈局，日本人接著擴大到整個大東亞的經營，到了一九九二年，兩岸與全球統合開始，進一步提升到亞洲共同體。台灣在這些時代改變過程中，不但沒有缺席，還都走在前端，創造出新的價值與論述。台灣走向東亞、走向太平洋，是台灣地理、人文，乃至於樹立全球人類發展典範，從台灣地理、人文文化都有脈胳可尋，找到合理的邏輯推演，這就是我說的「匯聚祖靈」：從祖先的智慧找尋台灣自定我定與未來的出路。因此，看待台灣、兩岸華人的未來，要放在亞洲、太平洋、全球的高度，才能化危機為轉機、將轉機變成良機，台灣才會形成新的華人中心，對人類文明產生影響。

我提出以日月潭做為華人意識，及全球文明新中心，是來自於台灣地理、兩岸統合，及世界走向全球化等各方面歸納的結果，它代表著一個延續傳統產生的新價值觀，順著三峽水利樞紐工程的完工，以及台灣進入三都六區新階段，亦即台北為中心的北北基、桃竹苗生活經濟圈；台中為中心的中彰投生活圈；以高雄為中心的雲嘉南、高高屏生活經濟圈完成後，以日月潭為中心，

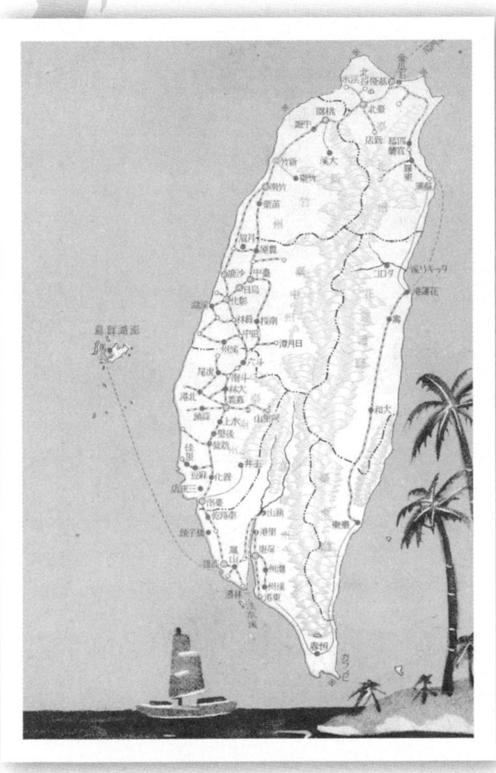

來自於台灣地理、兩岸統合，及世界全球化等各方面歸納的結果，我提出以日月潭為華人意識及全球文明的新中心。

在經濟合作交流上，分別自北台灣、中台灣、南台灣向東北亞、中國大陸及東南亞向外輻射出去。在意識價值連結方面，則是以日月潭為中心，經由台中、泉州連結至長江流域的九江、南昌後，再串起中原文明的古都代表——西安。

這個以日月潭為中的同心圓，既吻合華人五千年歷史發展由北至南的趨勢，再次形成新的華人世界的大地理中軸線，同時也與四百年來鄭成功率領閩南人，及其他台灣先聖先賢經營台灣，進軍東亞的發展方向一致，再進一步形成全球文明的意識中軸線。因此，對台灣來說，二〇一二年是台灣人實現數千年來華人生命理想生命情境，與共同的理想國度，開創人類新文明的起點，而當日月潭成為華人意識價值中心的同時，台灣也因此變成世界文化的中心。

這不是夢想，而是大地創造台灣，台灣人來到台灣被賦予的使命，不斷有人付諸努力去完成，早在數百年前，就已有人預言。

三峽大壩完工　結束分裂，進入整合

相傳，南宋理學大師朱熹（一一三〇—一二〇〇）在福州鼓山海邊，看著大陸蜿蜒的山勢，千里而來，起伏高低有如一條巨龍，到了海邊忽然不見時，有感而發的預言：「龍渡滄海，後五百年，當有百萬人之郡」。朱熹的龍渡滄海的傳言，後人認為指的即是今天的台灣。龍是華人的象徵，滄龍渡海化為台灣。

萬華龍山寺前殿有一幅對聯，便是來自於龍渡滄海的傳言：

「龍渡滄海而東五百年來成樂土

山環瀛洲之北大千世界闢沙門」

寫下這幅對聯的是清朝一位著名文人、書法家莊俊元（一八〇三—一八七九）。出生於泉州晉江的莊俊元是一位傳奇人物，在甘肅做地方官多年後，自請引退回到家鄉泉州，以建樹地方文教工作為餘生志業。他曾到台灣，四處旅遊，現在台灣一些寺廟、書院、還留有他書寫的墨寶，這幅龍山寺對聯便是其中之一。莊俊元似乎對台灣的寺廟很感興趣，也把傳說的龍渡滄海預言，進一步具體化，台灣不但是人間樂土，也是大千世界，這正是人類所追求的生命理想國度。

二〇〇九年十月下旬，我前往三峽旅遊，從重慶搭船順長江而下，登白帝城，參觀三峽大壩，然後從宜昌上岸。沿江風光雄偉，令人想到李白那首著名的七言絕句：朝辭白帝彩雲間、千里江陵一日還。兩岸猿聲啼不盡、輕舟已過萬重山。

詩中所說的「白帝」就是白帝城。

白帝城位於四川奉節縣，原名紫陽城。西漢末年，公孫策入蜀時，見該地一口水井常有白色煙霧裊繞翻騰，狀如白龍（另一說為常有龍出沒於公孫策官府，光芒耀眼），因而自稱為白帝，並將紫陽城改名為白帝城。三國時期劉備，為了報東吳殺關羽之仇，興兵討伐，結果兵敗，退至白帝城病死。劉備臨死前召來諸葛亮託負輔佐後主，史稱「劉備托孤」。這兩則傳說，很巧合的與漢朝開國皇帝劉邦的另一則傳說有關。相傳劉邦斬白蛇起義。這條白蛇是黃帝長子，其後成為秦朝皇帝，一統六國，再幻化白蛇。劉邦則是赤帝之子。斬白蛇傳說，寓意劉邦承天命，秦亡漢興，將他起兵逐鹿中原合理化。

劉邦斬白蛇、劉備兵敗白帝城等傳說，一方面皆與中國神話，指數千年前黃河平原姬姓部族首領黃帝得九天玄女之助，打敗另一個姜姓部落首領炎帝（即赤帝），兩個部落結盟，而產生華夏族與華夏文明有關。現在中國人自稱「炎黃子孫」典故即來自於此。另一方面又與五德五行（金、木、水、火、土）相生相剋，天地與人世運轉不息有關。這些神話傳說共同指出，時代演化過程中，每一次的正、反、合衝突與辨證過程，也就是創造新時代的開始。

千百年來，位於三峽瞿塘峽口，海拔二百三十公尺高的白帝城，誰也不曾想到會在二〇〇六年三峽大壩蓄水升高到近一百四十九公尺後，一夕間成江中孤島，如今只要跨過新建的橋樑，便可輕鬆登城。

白帝城因三峽大壩水位上升化為江中孤島，象徵三峽大壩全面進入高水位蓄水，四川、湖北沿江近二百八十個縣市城鎮也遭到全部或部份淹沒於江水，這是中國有史以來最大一次，因人為

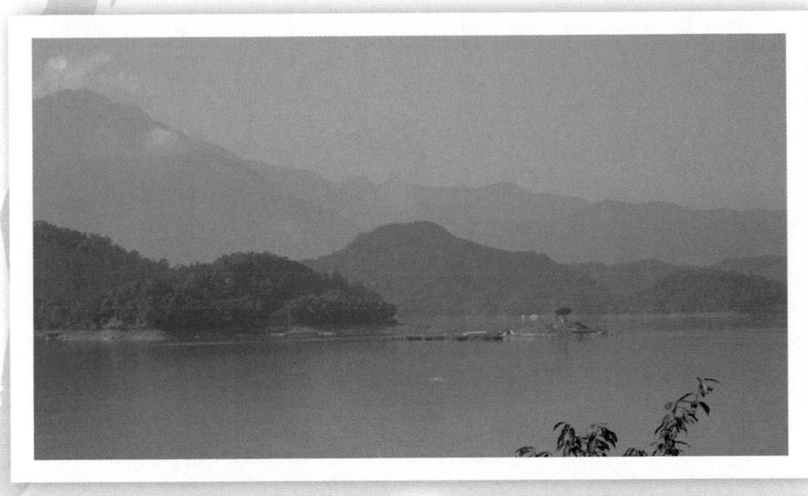

工程建設帶來的自然景觀改變、移民遷村與文物破壞，但相對的，中國也將因三峽大壩完工後，而開啟了新的時代。

白帝、赤帝到白帝城的神話傳說，隱喻著華夏文明進入長江流域造成東西阻隔與南北分裂。如果說黃河促成中原文化興盛，長江則是造成中華分裂的自然天塹，如今因為三峽大壩完工，便代表著結束分裂，進入整合，邁向新時代的起點。這是白帝城化為江中孤島的意含，就像一九三〇年代當日月潭水力工程完工，水位水升後包圍拉魯島，歐亞大陸東北、西南兩條巨龍會合於拉魯島成大十字形，拉魯島一夕成為新台灣中心般，與龍渡蒼海，五百年後台灣成新樂土的傳說，不謀而合。

台灣之路　困境挫折中整合自我、整合台灣

中國從一九七八年開放改革，一九八九年六四天安門事件，改革、保守兩方勢力正反相爭從而導致一九九二年三峽工程拍板定案，到了二〇〇九年三峽大壩完工，開始發電時，世界重心已從西方歐美轉到亞洲與中國。當二〇一〇年中國成為東協十加一起，正式揭開亞洲時代來臨的序幕，到了二〇一九年六四天安門事件三十周年，就意味著中國將進入另一個階段的改革開放，準備躍升為世界最大經濟體時，中國勢必會遭遇台灣在一九九〇年代完成經濟奇蹟後，所面臨的政治、社會與文化危機。

台灣在鄭成功奠定東亞格局的基礎，以及像蔡惠如等後繼者的傳承下，再到一九三〇至一九四〇年代，日月潭水力發電竣工，產生新台灣精神與價值。這個新精神與價植的核心是將以往台灣受環境宰治的命運，透過因勢利導的改造環境，從而形塑文化與人格，亦即是將地理、人文的質量與能量，相互融合產生新的推進力量。

台灣正因為有這股新興力量，帶來新的精神與價值，能夠順利渡過一九九〇年代到二〇〇八

年，相連爆發的政治、經濟、社會等諸多危機，並且展現了台灣的多元與包容。這個與世著稱的「寧靜革命」，堪稱人類文明發展的典範之一，不但可以做為二〇一九年中國面臨新一波挑戰的參考，也是未來人類發展的借鏡。

我之所以引用瑪雅預言，主來即是過去二十年歷史趨勢演變清晰顯示，一九九二年是兩岸及全球統合時代的啟動年。從一九九二年起，人類開始進入瑪雅預言說的第五太陽紀元的最後一個演化期階段，人類文明在這個演化期重整與再生，到二〇一二年產生新一階段的文明。其中的二〇一一年，剛好是中華民國建國百周年，對台灣，乃至於對中國而言，具有重要的時代意義。

孫中山先生創建的亞洲第一個民主共和國的理想，經過百年來，台灣得以完全實現，而這個可以放諸四海，人類理想家國的共同夢想，其實正奠基於鄭成功的「創格」，也就是台灣在時代正反合辨證過程中，不斷整合、創新，不斷包容、融和，追求新的時代格局。四百年來到現在，台灣所走過的路，所產生的力量，帶給人類最重要的啟示就是「全球之路」。

換言之，台灣之路，也就是全球之路，代表著盤古開天、人類誕生以來追求新文明、新世界的理想情境。它表現在不因困境而失去信心，不因挫折而失去自我。相反的，台灣總是困境挫折中找到整合自我、整合台灣；台灣也不因為環境變革動盪，放棄追求理想家國。這種深植於每一位台灣人內心裡的素樸意念，就如每一位台灣人身上都有Sangleys遺傳基因，傳承鄭成功「創格」精神的台灣人，打從歐亞大陸與菲律賓板塊相互撞擊誕生台灣島就已潛存地理質量，以及鄭成功奠定台灣發展格局所激發的人文能量，便已具備雛形，歷經不同時代台灣人的運用，經驗累積而日益豐沛，我們不但身體力行，實踐祖先們的理想，也用心體會，還進一步用我們內在的靈性去感受，將思維境界、想像境界的圖樣組合起來，以便在機會來臨時，可以蓄勢待發。

我個人的歷程，從一個台灣人的我、到關仔嶺的我、到兩岸統合的我，再到人類與地球的我，最後進升為宇宙的我，大致反映了這二、三十年台灣與世界的變化趨勢，但也更具體點出台灣之路的演化軌跡。這是身為台灣人的使命，也是台灣人的幸福，正如莊俊元藉由對聯說出了，台灣是華人，甚至是人類的理想家國。

如今台灣站在文明新起點、打造黃金新世界的機運終於來臨。從一九九二年開啟兩岸、全球統合，到二〇〇九年三峽大壩完工、以及二〇一一年中華民國建國百年，加上我個人的經歷與感受，我已看到中國一定會經歷台灣之路，借用台灣經驗，解決其內部矛盾，才能順利在二〇三九年，成為全球第一大經濟體。現在正是台灣善用中國崛起之勢的絕佳時刻，既能解決中國發展困境，也可以實現台灣長久以來的理想，兩岸整合，一舉改變華人命運與打造新的華人世界，從而在二〇四〇年，讓四百多年來的台灣之路開花結果，獲到終極實現。當二〇四一年第一道曙光照亮大地的那一刻起，台灣就能成為引導世界走向全球之路的表率，以及帶領人類文明的開創者。

台灣大運命

作　　者：蔡八來
總 策 劃：黃中杰
撰　　述：陳維新
編　　輯：李坤城

發　　行：商周編輯顧問股份有限公司
地　　址：台北市民生東路二段141號4樓

ISBN：97898686236-0-6
出版日期：99年5月初版1刷
定　　價：350元